I6 6

CORRESPONDANCE

DE M. M*****

2352

CORRESPONDANCE

DE M. M*****

SUR LES NOUVELLES DÉCOUVERTES

DU BAQUET OCTOGONE,

DE L'HOMME-BAQUET,

ET DU BAQUET MORAL,

pouvant servir de suite aux Aphorismes.

RECUEILLIE ET PUBLIÉE

Par MM. de F*****j*********

et B*********

Præterea pariter fungi cum corpore, & unâ
consentire animum nobis in corpore cernis.
Lucr. lib. 3.

C.^m n.º 701.

A LIBOURNE,

Et se trouve à PARIS, chez les
Marchands de Nouveautés.

1785.

Les Éditeurs ont ajouté des planches indispensables pour l'intelligence de l'ouvrage.

AVERTISSEMENT

DES ÉDITEURS.

L'EMPRESSEMENT avec lequel on recherche aujourd'hui tout ce qui a rapport au Magnétisme-animal, nous a déterminé à mettre au jour cette suite de Lettres : nous croyons pouvoir assurer qu'elles ne ressemblent en rien à tout ce qui a paru dans ce genre : l'importance des découvertes qu'elles renferment, doit les mettre bien au dessus de cet essaim de colifichets éphémères dont le public est sans cesse inondé. Cet ouvrage réunit à la sublimité de l'invention, la sim-

A 2

plicité du style : ce qui n'est pas un mérite commun en traitant une science pour laquelle il semble qu'on ait créé un langage nouveau. Ces savans *de la minute* ont imaginé un jargon inintelligible, pour étourdir, au moins, ceux qu'ils désespèrent de convaincre. On remarquera sans peine combien la maniere d'opérer des Auteurs, est différente de celle employée jusqu'à ce jour, et combien elle exige de connoissances. Que nous serions heureux si la lecture de cet ouvrage détournoit les malades de s'abandonner indistinctement au premier venu ! On cite journellement des accidens funestes produits par le Magnétisme ;

comment cela seroit-il autrement ? Celui-ci veut guérir toutes les maladies et faire circuler
les humeurs à sa volonté sans
connoître les parties où elles
pourroient être interceptées, et
devenir très-nuisibles. Celui-là
assure gravement, qu'il suffit de
savoir *en gros* l'Anatomie; cela
suffiroit sans doute, si l'on n'é-
toit malade qu'en gros; mais
malheureusement nous le sommes souvent en détail, et nous
croyons pour lors qu'il faut absolument des connoissances de
détail. Ce n'est qu'après une
étude de plusieurs années sur
l'Anatomie, la Physique et l'As-
tronomie, que les Auteurs se sont
décidés à opérer par eux-mêmes:

ils ont fait leurs premieres épreuves sur des animaux, et succes-
sivement les ont étendues sur les
hommes de tout âge, en com-
mençant par l'enfance, et con-
tinuant progressivement jusqu'à
la décrépitude. Voilà les seuls
moyens de se rendre vraiment
utile à l'espèce humaine, et il
est aussi atroce qu'absurde de
faire dépendre sa conservation
d'une coupable ignorance et d'un
aveugle hazard.

CORRESPONDANCE

DE M. M+++++
Sur les nouvelles découvertes
DU BAQUET OCTOGONE,
DE L'HOMME-BAQUET,
ET DU BAQUET MORAL.

PREMIERE LETTRE.
A M. M+++++

A . . . . . . le . . . . 1785.

Dès l'instant, Monsieur, que votre sublime découverte est parvenue à notre connoissance, le premier sentiment qu'elle nous a inspiré, a été une admiration, mêlée cependant d'incerti-

tude. Dans un siècle où l'on ne cherche
qu'à fasciner les yeux, on ne sauroit
être trop en garde contre les attraits
brillans de la séduction ; combien sont
entraînés journellement par ces dehors
trompeurs qui accompagnent toujours
les nouveautés merveilleuses ? Guidés
par ces réflexions, que nous croyons
indispensables à l'homme qui cherche
la vérité, nous n'avons pu nous dé-
fendre de douter des effets presque
incroyables qui nous étoient annon-
cés. Pour nous en convaincre, nous
avons suivi les différens traitemens avec
la plus grande assiduité. Les cures miraculeuses dont nous avons été tant de
fois les témoins, nous ont démontré
la réalité d'une découverte aussi intéressante pour l'humanité. Les progrès
surprenans qu'elle a fait entre vos

mains, aulieu de nous décourager, nous ont fait naître l'idée de nous en occuper, et de chercher à la rendre encore plus utile, s'il étoit possible.

Nous avons lieu d'espérer que nos travaux n'ont point été infructueux : après des recherches multipliées, nous osons nous flatter d'avoir trouvé une méthode plus avantageuse.

Les Baquets dont on s'est servi jusqu'à présent, nous ont paru susceptibles d'un nouveau dégré de perfection. Bien loin que la forme usitée soit indispensable, celle que nous avons imaginée, réunit de nouvelles propriétés aux anciennes. C'eſt un octogone régulier de six pieds de diamêtre : chacun des huit angles est garni d'un tuyau qui répond dans un b₋quet de même forme, et dont le diamêtre est d'un pied et demi. Nous croyons entrevoir que chaque petit baquet aura la vertu de guérir une maladie différente. Les expériences que nous avons commencées sur huit personnes toutes affectées de differens maux , le changement en bien qu'elles ont éprouvé jusqu'à ce moment, nous font espérer un plein succès.

Si nos traitemens , Monsieur, répondent à un début aussi heureux, nous nous empresserons de vous en faire part : nous entrerons dans les détails les plus circonstanciés , sur notre baquet , et sur son influence dans les maladies : enfin, nous n'omettrons rien de ce qui pourra vous mettre à portée de répéter nos expériences , et d'en obtenir le même succès.

Nous avons l'honneur d'être, &c.

SECONDE LETTRE.

Réponse de M. M *****

A Paris le. . . . . . . 1785.

Je ne saurois vous exprimer , Messieurs, combien je suis pénétré de la confiance que vous me témoignez ; elle me flatte d'autant plus que la maniere méthodique, que vous semblez avoir adoptée, me donne la plus haute idée de votre jugement et de vos connoissances. Qu'il seroit heureux que tous ceux qui s'occupent du Magnétisme en raisonnassent aussi sagement que vous !

Le Baquet octogone dont vous me parlez, Messieurs , m'a toujours paru susceptible des propriétés que vous annoncez ; mais les occupations sans

nombre auxquelles j'ai été forcé de
me livrer, les contrariétés de toute
espèce, les persécutions dont j'ai été
assailli, m'ont empêché de suivre des
idées qui auroient pu me conduire à
cette heureuse découverte. Ayant toujours sacrifié ma gloire personnelle au
bien général, j'apprendrai avec la plus
vive satisfaction, qu'un succès complet aura couronné une aussi louable
entreprise : cette pensée seule suffira,
pour me consoler, de n'y avoir pas
contribué.

Que votre zèle est digne d'éloges !
quelle suite de combinaisons ne vous
a-t-il pas fallu pour calculer le point
fixe que devoit occuper chaque genre
de maladie ! Que de difficultés la
réunion des différens aggrégats n'a-
t-elle pas dû vous faire éprouver ? Je

me plais à croire que vous aurez approfondi l'influence des courans, rentrans, sortans et environnans, partie si importante, et cependant si négligée par ces prétendus apôtres du Magnétisme dont la cohorte grossit tous les jours au détriment de la vraie doctrine.

L'engagement que vous contractez avec moi, Messieurs, est bien cher à mon cœur : il m'assure que je recevrai dans peu des détails satisfaisans, et que votre première lettre m'instruira des succés que vous devez attendre, & que personne ne vous souhaite plus ardemment que moi.

De tout tems la perfection des Arts et des Sciences, a dépendu de la réunion des diverses opinions : ce n'est qu'en se communiquant de bonne foi le résultat de leurs recherches , que les savans ont pu parvenir à ce point.

Ayant donc le même desir d'étendre nos lumières , et de nous rendre plus utiles , courons ensemble la même carrière ; que rien ne puisse altérer une udion formée sous les plus heureux auspices , puisqu'elle n'a pour but que le progrès de nos connoissances , et le plus grand bien de l'humanité.

J'ai l'honneur d'être , Messieurs , &c.

Baquet Octogone

servant a guerir differentes maladies

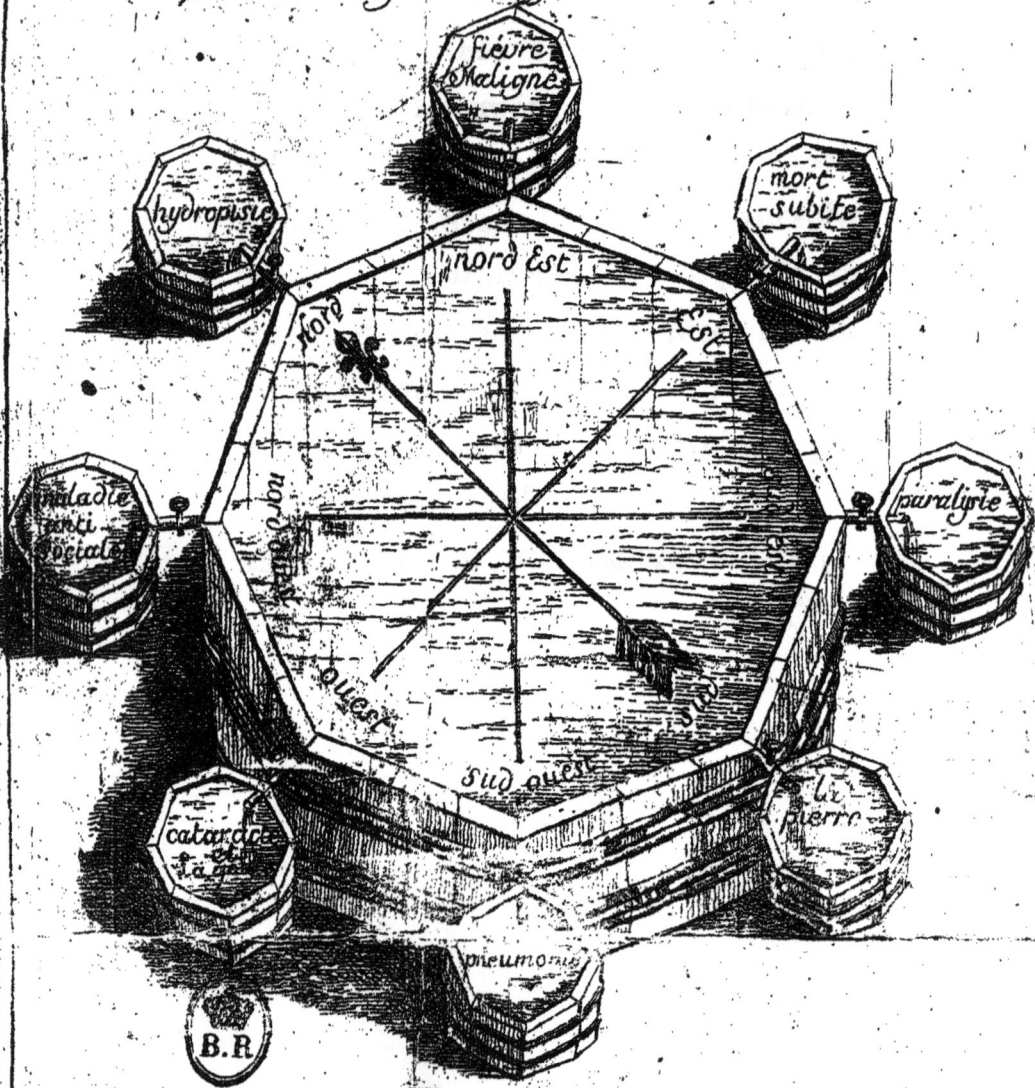

fievre Maligne

mort subite

hydropisie

paralisie

maladie venerienne

li pierre

noro Est

nord

est

action

ouest

sud

cataracte à l'œil

sud ouest

pneumonie

B.R.

| 1 | 2 | 3 | 4 | 5 | 6 |

Echelle de six pieds

TROISIEME LETTRE.

A M M+++++

A .... Le ...... 1785.

Nous avons reçu, Monsieur, votre réponse, avec le plus grand plaisir : les éloges que nous donne un homme aussi éclairé que vous, sont un nouvel aiguillon qui nous engageroit à redoubler de zèle, si le succès complet que nous avons obtenu ne suffisoit pas pour nous y encourager. Nos expériences ont réussi au-delà de notre attente. Voici le moment d'entrer avec vous dans le détail de nos opérations.

Nous joignons ici le plan de notre baquet octogone : les proportions en sont déterminées par l'échelle : la construction intérieure est selon vos prin-

B

cipes : nous avons seulement changé
l'ordre des bouteilles, lequel nous avons
reconnu être absolument contraire aux
effets que nous nous proposions. Celui
que nous y avons substitué a des rap-
ports immédiats avec les différens points
assignés à nos malades. Nous sommes
persuadés que l'arrangement que nous
avons adopté, est invariable & indispensable dans cette nouvelle méthode
de traitement.

Nos huit petits Baquets sont à double
fond : le second fond est entièrement
plein de coques d'œufs magnétisés,
noyées dans une décoction de racines
de plantes, qui varient selon le genre
de la maladie : il faut se servir de résine
et non de cire pour boucher le trou
par lequel l'œuf aura été vuidé ; vous
verrez par le dessin que chaque petit

Baquet est garni d'un robinet servant à y introduire à volonté, et selon la maladie, l'eau venant du grand, laquelle n'a aucune communication apparènte avec le second fond, dont nous venons de vous expliquer le contenu.

Le malade doit être assis sur un tabouret, et placé en face de l'angle indiqué par les lignes : il aura les deux pieds dans le petit Baquet.

Nous croyons inutile d'expliquer à un homme aussi instruit que vous l'êtes les motifs qui nous ont déterminé à placer les huit genres de maladies dans la direction où vous les trouverez. Nous allons seulement vous détailler nos huit premieres cures.

Nord. Le malade que nous avons entrepris étoit attaqué d'une hydroce-

B 2

phale de la troisième espèce , jugée incurable par trois Médecins dont il avoit
été abandonné : d'autant plus que
l'amas d'eau se trouvant précisément
sur le crâne , on lui avoit fait inutilement plusieurs incisions sur l'occipital :
après six jours d'un traitement assidu ,
nous lui avons procuré l'évacuation de
la liqueur par les oreilles : le seul acci-
dent qu'ait éprouvé ce malade , a été la
chûte d'une partie des cheveux & des
sourcils. Il est âgé de 46 ans , & d'un
tempérament pituiteux.

NORD EST. La femme d'un bou-
langer de cette ville , âgée de 38 ans,
attaquée d'une fièvre maligne , causée
par l'acrimonie de la bile , à laquelle
s'étoit jointe une suppression , occa-
sionnée par un trop grand usage
du pinipinichi , avoit depuis deux

jours, la poitrine fort oppressée, & un
délire continuel : (il est à remarquer
que cette maladie a été fort commune
ici cette année ; on l'a regardée comme
une espèce d'épidémie d'autant plus
dangéreuse, que cinq personnes seulement en sont revenues.) Notre malade
après sept jours de traitement, a été
en état de se promener devant sa porte,
au grand étonnement de tout son quartier : notez que le délire a cessé entièrement dès la seconde séance.

Esr. Deux hommes descendus, il
y a quelques jours dans une fosse
d'aisance, y furent frappés de la vapeur
méphitique, & on les retira, ne donnant aucun signe de vie : l'un d'eux
nous fut apporté environ quatre heures
après ce funeste évenement, dans un
état d'asphyxie complette. Nous l'avons

placé sur le champ au baquet *Est* : après
deux heures d'un travail continuel, il
a éternué, et un quart d'heure à peine
écoulé, il a repris entièrement con-
noiffance. La première parole qu'il ait
proféré, a été pour demander des nou_
velles de son camarade ; mais sa malheureuse étoile a voulu que ses parens
esclaves des anciens préjugés, aient
empêché qu'on ne nous l'apportât
aussi : on a épuisé fur lui tous les
remedes connus ; mais inutilement.
Vous conviendrez que cette cure doit
nous donner de bien grandes espérances, pour la guérison des accidens de
cette espèce, qui par imprudence ou par
témérité deviennent malheureusement
si fréquens.

SUD EST. Le nommé Pognon, épin-
glier, âgé de 43 ans, ayant été frappé

d'une apoplexie séreuse , en eût le
côté gauche totalement paralysé : il
demeura deux mois dans ce cruel état ,
et lorsque nous l'entreprîmes , il n'avoit
encore éprouvé aucun soulagement.
Ce traitement nous a couté des soins
infinis : ce n'a été qu'au douzième jour
qu'il a donné des marques de sensibilité à la clavicule ; depuis cet instant ,
le sentiment s'est étendu graduellement
sur toutes les parties affectées , et la
guérison a été parfaite le vingt-unième
jour qu'il partit pour Paris.

Sans vouloir attaquer ici les procédés qu'employe le sieur le D * *
qui ont été couronnés par quelques
succès , nous sommes persuadés que
notre méthode réunit le double avantage de la certitude & de la célérité ,
et nous nous engageons a rétablir dans

un mois de traitement, les personnes qui auront été manquées par les moyens du sieur le D**

Sup. Victor Simon, jardinier, âgé de 34 ans, d'une constitution robuste, et fort adonné au vin, étoit tourmenté depuis quatre ans d'une pierre dans la vessie ; quoiqu'il souffrît des douleurs inouies, il n'avoit jamais voulu consentir à se faire tailler, son père étant mort dans l'opération ; il nous a été adreffé par un de nos malades qui savoit que nous cherchions un homme attaqué de cette maladie pour faire l'épreuve de notre Baquet *fud*. Nous avons désespéré de la réussite pendant neuf jours, quoique le malade nous ait dit avoir éprouvé un leger soulagement les trois derniers : enfin le dixième, ses urines ont été abondamment

damment chargées de gravier, & l'on-
zième, ses douleurs ont entièrement
cessé. Nous l'avons fait sonder en
notre présence, et devant deux Médecins nommés *ad hoc* par la Faculté : il
a été démontré que la pierre étoit
totalement fondue, et d'après leur
examen, on a décidé qu'elle devoit
être de la groſſeur d'un œuf de poule.

SUD EST. Le nommé Renaudin,
laboureur, âgé de 31 ans, gardoit le
lit depuis quarante-six jours, lorsque
informés de sa facheuse position, nous
le fîmes transporter avec toutes les
précautions possibles à notre Baquet :
cet homme avoit une peripneumonie
décidée : une fièvre aiguë, la poitrine
très-oppreſſée, et un crachement de
pus continuel ; son état ne lui permettant pas d'être assis, nous l'avons

C

étendu sur un lit incliné , de manière
que ses pieds posassent dans le Baquet.
Dès la première séance , il a eu un
vomissement très-abondant , qui a été
suivi d'une selle des plus copieuses :
la fièvre a cessé , & la respiration a été
entièrement libre le surlendemain ; enfin le cinquième jour , cet homme a pu
manger un potage au ris , et le huitième,
regagner à pied son village , éloigné
d'une forte lieue. Quelques jours après
son départ , nous avons appris qu'il
avoit été tourmenté d'une violente colique du Poitou , qui , heureusement,
n'avoit eu aucune suite facheuse. Au
reste , Monsieur , vous n'ignorez pas
que ces deux maladies n'ont entr'elles
aucune espèce d'analogie , et que par-
conséquent l'une ne peut être occa-
sionnée par l'autre.

Ouest. La dame Pérard de Neuf-château, étoit affligée d'une cataracte, qui, ayant augmenté insensiblement depuis six ans, l'avoit rendue aveugle. Des affaires indispensables l'ayant ame-née ici, elle entendit parler de quel-ques cures inespérées que nous avions faites. Quoiqu'elles fussent dans un autre genre, elle se décida à recourir à nous, d'autant qu'elle venoit d'es-suyer sans succès une opération dou-loureuse. Un examen scrupuleux nous fit connoître que cette cataracte étoit *caséeuse*, la couleur en étoit rouge, ce que vous savez n'être pas ordinaire. Nous plaçames la malade ; huit séances consécutives ne produisirent aucun effet apparent, et malgré les raisons qui nous avoient déterminé à assigner au Baquet *Ouest* ce genre de maladie, nous renonçames à ce traitement.

Nos combinaisons primitives pour la construction de ce Baquet nous avoient porté à croire qu'il pourroit influer sur les maladies d'humeurs. Un Chevalier de S. Louis, tourmenté violemment de la goutte, s'offrit à propos pour réaliser nos conjectures. Il n'eut pas lieu de se repentir de nous avoir donné sa confiance. Quatre séances suffirent pour dissiper entièrement les douleurs presque continuelles qu'il éprouvoit aux deux mains : ce succès nous à flatté d'autant plus que la maladie étoit héréditaire dans la famille de M . . . . et que lui-même en étant attaqué depuis 15 ans, l'avoit rendue plus active et plus tenace par l'usage immodéré du sexe et des liqueurs fortes.

Cette cure nous a consolé en partie

de l'inefficacité du traitement précédent.

NORD OUEST. Nous allons, Monsieur, toucher une corde à laquelle vous ne vous attendez sûrement pas : votre décision que sur tout autre article, nous eussions regardé comme un oracle, ne nous a pas empêché de faire les recherches les plus profondes sur une maladie que vous avez décidée incurable par le magnétisme. Vous vous doutez que nous voulons parler de la maladie vénérienne, ou anti-sociale : ce fléau de l'humanité, sur lequel on a tant écrit & tant erré, bien loin de nous avoir été apporté par Christophe Colomb, est à juste titre appellé *Mal-françois*. Divers manuscrits très-rares que nous avons consultés, nous ont donné sur ce sujet des connoissances qui feront la matière d'un ouvrage particulier, où l'on trouvera des idées aussi neuves que piquantes : c'est aux détails relatifs à l'essence de cette maladie, puisés dans ces manuscrits authentiques, que nous devons la découverte du pouvoir du Magnétisme sur cette peste de la Société : la cure suivante va prouver ce que nous avançons.

Un jeune homme de cette ville dont l'état civil exigeoit les plus grands ménagemens, vint nous consulter sur la cruelle situation où il se trouvoit, et que nous allons vous détailler. Ce malheureux jeune homme avoit été infecté d'une gonorrhée ; craignant qu'elle ne fût connue de ses parens, il voulut la traiter lui même, d'après les conseils d'un domestique de confiance

qui avoit été soldat, & qui lui indi-
qua un remède usité parmi les troupes:
il consiste en une dose de poudre à
canon délayée dans de l'eau-de-vie :
vous sentez quel effet dût résulter d'une
potion de cette nature : avant vingt-
quatre heures l'écoulement cessa , et
le jeune homme croyant en être quitte,
s'endormit dans la plus parfaite sécu-
rité , et reprit son train de vie ordinaire. Mais cet état ne fut pas de
longue durée. Depuis le 25e. jour
jusqu'au 36e. divers symptômes plus
effrayans les uns que les autres se ma-
nifesterent : une chaleur cuisante se fit
sentir aux parties génitales , les testicules se gonflèrent. Il lui survint une
infinité de tubercules calleux aux envi-
rons du néz_& aux tempes : nous ne
vous parlerons pas des autres signes

extérieurs, qui, joints à ceux que nous
venons de nommer, ne nous permirent
pas de douter que ce ne fut une v.....
des plus complettes. Le serviteur inconsidéré, voyant les effets terribles qui
étoient résultés de son imprudence,
crut la réparer en engageant son maître à s'ouvrir à nous. Quoique nous
fussions convaincus de la vertu du
Magnétisme dans cette occasion, l'état
du malade nous parut si effrayant, que
nous hésitames à l'entreprendre; mais
ses pressantes sollicitations, & la confiance que nos cures antérieures nous
avoient donnée, nous décidèrent à
nous en occuper dès le jour même.

Il n'y eut aucun changement extérieur dans les premiers jours : le 5e. le
gonflement des testicules diminua sen-
siblement : trois jours après, les autres

symptômes éprouverent aussi une diminution considérable : le douzième,
les douleurs ayant cessé, le malade
éprouva un bien être qui présageoit
une guérison prochaine : elle fut effec-
tivement parfaite deux jours après : il
conserva seulement un leger engorge-
ment dans les amygdales, qui ne fut
totalement dissipé qu'au bout de trois
semaines.

Vous serez peut-être surpris de la
briéveté du traitement, qui n'a été en
tout que de 14 jours ; mais nous avons
tenu deux séances par jour, lesquelles
ont toujours fini par une transpiration abondante : nous ne pouvons
attribuer à aucune autre cause ce nouveau miracle du Magnétisme.

En rassemblant les faits rapportés
dans cette lettre, nous ne craignons

pas d'avancer que votre découverte est parvenue à un degré de perfection qui ne laisse rien à désirer. Qu'auront à nous opposer les détracteurs d'un système devenu si précieux au genre humain? Que pourront-ils alléguer contre des faits aussi authentiques?

Il nous reste à vous observer combien l'exactitude dans le placement des malades est indispensable. Divers essais que nous avons faits , auroient produit les effets les plus funestes, si nous n'étions revenus sur le champ à notre première détermination.

N.B. Au moment que nous allions fermer cette lettre , nous avons vu à notre grand étonnement, arriver Mde. Pérard : sa cataracte a totalement disparu : elle en est au point de distinguer les objets à une distance médiocre : sa vue reprend chaque jour de nouvelles forces , & nous ne doutons pas qu'elle ne soit avant peu dans son premier état. Vous devez juger, Monsieur , avec quelle satisfaction nous avons vu que nos calculs étoient fondés sur des bases certaines & invariables.

Nous avons l'honneur d'être, &c.

QUATRIEME LETTRE.

RÉPONSE de M. M+++++

A .... Le ...... 1785.

VOTRE seconde lettre, Messieurs, qui m'est parvenue avant-hier, offre un exemple bien frappant de ce que peut un travail assidu, joint à de profondes connoissances : la découverte dont vous venez d'enrichir l'humanité, est du petit nombre de celles dont il est permis d'entrevoir la possibilité, sans qu'on puisse raisonnablement en espérer le succès. Le peu de tems qu'il vous a fallu pour la porter à ce haut dégré de perfection, me paroît un de ces efforts de génie dont chaque siècle offre à peine un exemple.

Quelle reconnoissance ne doit-on

pas à de braves Militaires , qui con-
sacrent leurs veilles à des occupations
aussi étrangères , et j'oserois dire aussi
rebutantes ? Votre zèle est d'autant plus
estimable , qu'il n'est guidé que par le
desir du bien : vous en trouverez la
récompense dans vos cœurs et dans les
bénédictions de ceux que vous arra-
cherez à la mort. Cette récompense
est la seule que puissent ambitionner
des ames telles que les vôtres.

Vous m'aviez promis de n'omettre
aucun détail relatif à vos expériences:
permettez-moi de me plaindre de ceux
que vous me laissez à deviner : je suis
très-flatté de l'opinion que vous avez
de mes connoissances ; mais vous l'avez
poussée un peu trop loin ; et je ne
puis me passer de divers éclaircissemens
que je vous demande avec une entière
confiance.

Je conçois parfaitement combien il est essentiel de placer les huit malades dans les directions qui leur sont propres : je ne saurois vous exprimer l'étonnement que m'ont causé vos cures des Baquets *Ouest* et *Nord-ouest*.

J'avoue que le choix des racines qui garnissent le fond de ces deux Baquets, m'a fort embarassé, et je ne vois pour celui d'*Ouest* que les racines de fenouil, d'ellébore et de chélidoine. Quant à celui du *Nord-ouest*, si vous n'avez pas ajouté à l'arrête-bœuf, véronique et pariétaire, de la poudre de cloportes, je suis tout-à-fait désorienté. Je ne puis douter de la vérité de ce que vous me mandez sur cette dernière cure; mais souffrez que je vous fasse observer qu'elle est peut-être l'effet du hazard. Je vous engage fort à ne pas perdre de vue ce

malade, dont les symptômes, quoiqu'ayant disparu, peuvent n'être pas
un indice sûr d'une guérison parfaite.

Je crois que vous devez laisser passer
au moins trois mois, avant de vous féliciter d'avoir complettement réussi ;
mes inquiétudes à cet égard, sont une
suite de mes principes, mais ne doivent pas vous décourager. J'attendrai de
nouveaux succès dans ce genre pour
me ranger de votre parti.

Au reste, Messieurs, j'ai commandé
un Baquet selon vos dimensions, et
si, comme j'ai tout lieu de le croire,
mes expériences répondent aux vôtres,
je me ferai un devoir et un plaisir de
publier hautement une découverte dont
la gloire vous appartient à si juste
titre.

A quel point de perfection le

Magnétisme ne seroit-il pas parvenu,
si depuis sa naissance, tous ceux qui
s'en sont occupés avoient suivi la route
dans laquelle vous marchez à pas de
géants; mais au contraire, les uns
entraînés par le délire de leur imagination, les autres dévorés d'une ambition démésurée de faire parler d'eux,
ont entassé erreurs sur erreurs. Il seroit
trop heureux que leurs auteurs cou-
verts d'un ridicule si bien mérité, en
fussent les seules victimes ; mais ils
l'ont étendu jusqu'à la découverte
même, et ont jetté une incertitude
cruelle sur une doctrine aussi pure
dans ses principes, que certaine dans
ses procédés.

Vous connoissez comme moi ces
têtes exaltées, dignes plutôt de fi-
gurer sur les tréteaux de la foire, que

de

de se montrer dans les sociétés. L'un nous donne en spectacle un *Sauteur Curé*, qui par ses bonds et ses gambades nous rappelle les folies du tombeau de St. Paris. L'autre promène à sa suite une *Somnambuliste*, et veut nous persuader qu'elle connoit toutes nos pensées ; les extravagances qu'il ajoute font douter lequel est le plus comique de la femme qui dort, ou de l'homme qui veille. Que vous dirai-je de ce nouveau Sectaire, qui néglige un état consacré à la défense des biens et de la vie des citoyens, pour s'adonner à une science dont il a dénaturé les principes , sans songer aux suites affreuses qui peuvent en résulter. Ce qui m'indigne le plus , c'est qu'il en fasse publiquement profession, et qu'il gagne des prosélytes qui affoi-

D

blissent encore le peu de consistance de ses idées. Celui-ci mal affermi sur ses jambes, promet de faire circuler les humeurs de tout le monde , et ne peut parvenir à mettre en mouvement les siennes. Celui-là nous exhibe un coureur qui ne boîte plus que dix-huit heures sur vingt-quatre ; cure merveilleuse et qu'on ne peut trop vanter !

Je ne puis mieux finir, qu'en vous faisant part d'un nouveau cours de Magnétisme établi dans un des faux-bourgs de cette Ville. Le Docteur aussi juste par état , que par princi-pes , ayant pesé dans une balance exacte , sa science magnétique, a trouvé qu'elle correspondoit à 73 liv. vous conviendrez que ce seroit acqué-rir des connoissances à bon marché ;

aussi suis-je bien sûr qu'il leur en donnera pour leur argent.

Je crois inutile, Messieurs, d'ajouter de nouveaux exemples ; ceux-là suffisent pour vous prouver jusqu'où peut s'égarer l'esprit humain , quand il n'est pas guidé par les lumières d'une saine raison ; dans une nouvelle découverte , la majeure partie veut produire les effets sans connoître les causes : de-là cette foule d'erreurs qui font que l'invention la plus salutaire, devient une arme meurtrière dans leurs mains.

J'ai l'honneur d'être, &c.

P.S. A la première inspection du dessin , le mot de *Mort ſubite* dans le Baquet *Eſt*, m'a paru extraordinaire et même choquant ; mais à la lecture des détails que vous y joignez, j'ai reconnu la justesse de cette expression, et je ne crois même pas qu'elle puisse être remplacée par aucune autre.

CINQUIÉME LETTRE,

A M. M✶✶✶✶✶

A . . . . . le . . . . . . 1785.

Les détails que vous nous demandez, Monsieur, nous meneroient beaucoup trop loin, dans un moment où nous sommes entièrement occupés d'une nouvelle découverte, dont nous ne croyons pas pouvoir vous instruire trop tôt. Quoiqu'elle foit en quelque sorte une conséquence de notre Baquet octogone, elle est si fort audessus, que nous n'eussions pu, sans témérité, nous promettre un succès aussi extraordinaire ; nous avons cru devoir l'attendre pour vous en parler, et nous allons le faire en détail.

Le dessin ci-joint représente un Baquet octogone, semblable à celui que vous avez reçu dans notre dernière lettre. Vous y verrez de plus une figure d'homme d'environ huit pieds, les bras étendus et les pieds cachés dans le Baquet, dont le dessus est en planches. Les huit petits Baquets sont garnis chacun d'une bouteille faite selon le modèle indiqué par la lettre A. Cette forme nous a paru la plus commode pour diriger les courans magnétiques vers le bandeau qui ceint la tête de la figure.; il est de tôle très-mince, ainsi que la figure, et percé d'une infinité de petits trous : le squelette est construit de baguettes de fer creuses; les principales parties telles que le cœur, le foie, la rate, la vessie, &c. sont en verre

Nous leur avons conservé exactement
leur forme et la place qu'elles occupent
dans le corps humain : vous devez
juger combien de peines cet ouvrage
nous a couté, et des difficultés inouies
que nous avons eu à vaincre, pour
établir toutes ces parties dans une
harmonie parfaite. Les malades sont
placés sur le grand Baquet le plus
près possible d'un angle ; on pose le
côté B du conducteur C sur la partie
affligée, et le côté arrondi sur celle qui
correspond dans l'Homme - Baquet.
(Le conducteur est une baguette de
fer de trois lignes de diamètre, poin-
tue par un bout, et ronde par l'autre.)
Les parties des pieds qui sont cachées
sont remplacées par les cinq petits con-
ducteurs que vous verrez sur le dessin:
vous ne pouvez imaginer les effets

subits qui ont résulté de ce nouveau procédé.

Un Sergent d'Artillerie , sourd depuis six ans , par l'effet d'une batterie de bombes , a recouvré entiérement l'ouie en trois séances de trente-cinq minutes chacune.

Un Pâtissier de cette Ville, attaqué d'une paraphrenésie si violente , qu'on ne pouvoit l'approcher sans danger , a été guéri en 28 minutes.

Une fille de 13 ans nous fut amenée par son père , Marchand épicier : sa maladie nous étoit absolument inconnue , ainsi qu'à tous les Médecins qui l'avoient vûe. Elle avoit des convulsions aux pieds et aux mains , et ne pouvoit se soutenir sur la jambe droite : après un examen scrupuleux , nous reconnumes qu'elle étoit tourmentée

mentée de la danse de St. Witt. Nous
la traitâmes en conséquence, et en 18
minutes il n'y parut plus.

Un Huissier dévoré d'une faim
canine, maigrissoit à vue d'œil : il
avoit continuellement des défaillances
et des étouffemens. Au premier aspect,
nous décidâmes unanimement, que
ces effets ne pouvoient être produits
que par le ver solitaire. L'événement
justifia nos conjectures ; car à peine
le conducteur eut-il été placé sur les
parties qu'il est inutile de vous nommer, que nous vîmes ce ver sortir, et
s'y attacher fortement. L'ayant mesuré
nous avons trouvé que sa longueur
étoit de 138 pieds : ce qui nous a
paru assez extraordinaire, pour qu'il
fut conservé et montré aux curieux.
En conséquence, nous l'avons déposé

E

chez M. H++++++ Notaire de cette ville, qui se fera un plaisir de contenter la curiosité du public.

La femme d'un peintre étoit affligée depuis six ans d'un cancer au sein; elle avoit subi quatre opérations dont aucune n'avoit extirpé entièrement le germe du mal. Elle eut recours à nous, malgré l'avis de plusieurs Médecins, qui regardoient cette cure comme chimérique. Nous l'avons traitée en leur présence, et dans quatre séances, d'une heure chacune, elle a été radicalement guérie; cette cure est une de celles qui nous a causé le plus d'étonnement; mais il n'étoit rien, si on le compare à celui des spectateurs.

Une Limonadière retirée du commerce, fort en embonpoint, et très-haute en couleur, étoit attaquée d'une

fureur utérine dont nous ne croyons
pas qu'il y ait d'exemple : à peine le
conducteur a-t-il été mis en jeu, que
les frémissemens ont cessé ; sa raison
lui est revenue, et malheureusement
avec elle, le souvenir de ses égare-
mens involontaires : elle en a été si
frappée, que le lendemain elle s'est
retirée dans un couvent.

Une danseuse célèbre, à qui il
étoit survenu des cors aux pieds, qui
par le mauvais traitement faisoient
craindre la gangrène, a été entièrement guérie en deux jours, et le troisième elle a pu danser, au grand
contentement de l'assemblée. Ces trois
dernières cures, Monsieur, ont été
faites à la *Femme-Baquet*, dont nous ne
vous envoyons pas le dessin : il est parfaitement conforme à celui de l'Homme

E 2

BAQUET, à la différence près des parties sexuelles. Nous ne vous parlerons pas d'une infinité d'autres guérisons, telles que des fièvres, des maux de dents, des coliques, &c. en un mot, depuis quinze jours que notre établissement est formé, nous y avons traité avec succès plus de trois cents malades.

Ce que vous nous mandez sur les Charlatans du Magnétisme, nous étoit connu ; les exemples dans ce genre, ne sont malheureusement que trop fréquens ; pour ne pas trop allonger cette lettre, nous ne vous en citerons que deux assez piquans et que vous ignorez peut-être.

Le Sr. A++++ et le B+++++ D++ B+++++ comme de nouveaux apôtres, avoient porté votre doctrine dans une Isle fameuse. Ils y distribuoient à leur

gré des coliques, ou produisoient l'effet
contraire. Le B. D⁕⁕B⁕⁕⁕⁕⁕ fut attaqué d'une colique sèche, pour laquelle
il se fit magnétiser par son compère,
et se magnétisa lui-même inutilement. Les douleurs augmentant, il se
vit forcé de revenir à M. C⁕⁕⁕⁕ son
ancien Médecin qu'il avoit abandonné, et qui le tira d'affaire par les
remèdes usités, c'est-à-dire, la sai-
gnée et les lavemens. Ce début a commencé à décréditer un établissement
qui, par la suite, n'a eu aucun succès
réel.

M. D⁕⁕⁕⁕⁕autrefois votre élève et
votre ami, aujourd'hui votre antago-
niste, fut appellé pour un enfant
dangereusement malade. Il le magnétisa pendant assez long-tems, donnant
des espérances à ses parens; elles

n'étoient pas trop bien fondées ; car
le traitement duroit encore , lorqu'on
l'avertit que l'enfant étoit mort depuis
plus d'une demi-heure. On l'entendit
qui disoit, en sortant, à un de ses amis:
Ah ! quelle école ! Ceci s'est passé dans
un fauxbourg de Paris , chez M. de
S+ + + + + +

Nous avions déjà connoissance du
cours dont vous nous parlez ; et comme
nous l'avions prévu , les disciples sont
sortis des premières séances , sans avoir
compris un mot de tout ce qu'on leur
a dit : nous ne savons encore s'il faut
en accuser le jargon du Docteur , ou
la conception des auditeurs.

Permettez-nous de vous féliciter sur
la sagacité avec laquelle vous avez
découvert les diverses plantes qui en-
trent dans la composition de nos pe-

tits Baquets. Vous avez d'autant plus
de mérite à avoir deviné la poudre de
cloportes, que le mot de décoction
pouvoit vous induire en erreur; vous
n'avez oublié uniquement que la ra-
cine de Beccabunga.

Nous avons l'honneur d'être, &c.

SIXIÉME LETTRE.

RÉPONSE DE M. M+++++

A Paris le........ 1785.

J'AI relu plusieurs fois votre lettre, Messieurs, et je ne suis point encore familiarisé avec une idée aussi étonnante que sublime : ce qui paroissoit devoir employer la vie entiére d'un homme, a été pour vous l'ouvrage de quelques mois ; quoique le Baquet octogone qui vous a conduit à cette merveilleuse découverte eût pu me mettre sur la voie, je vous en laisse toute la gloire, et j'avoue que je n'y avois nullement pensé. Je regarde cette invention comme le don le plus précieux qu'on puisse faire à l'hu-

(57)

manité. Je me suis hâté de faire construire un *Homme-Baquet* d'après vos
principes ; mes expériences ont eu le
plus heureux succès. Plusieurs malades que j'avois abandonnés, et que
j'ai rappelés, ont été guéris en peu de
jours : quelques-uns l'ont été par le
contact immédiat : ce qui me prouve
que le conducteur n'est pas toujours
nécessaire. Je crois cépendant qué
dans la gravelle, la pierre, les obs-
tructions, les inflammations de bas
ventre, les migraines, les loupes et
les cors aux pieds, on ne peut s'en
passer ; vous en savez la raison. Cette
découverte rend tout possible, et ex-
plique tout.

Continuez, Messieurs, à faire un
emploi aussi louable de vos loisirs ;
la carrière nouvelle qui s'ouvre devant

vous est sans bornes, après le pas que vous venez de franchir ; et quoique tous ceux à qui j'ai parlé de votre HOMME-BAQUET , s'obstinent à le regarder comme le *nec plus ultra* des connoissances humaines, je me plais à croire qu'il sera pour vous un ache-minement à de nouveaux miracles.

J'ai l'honneur d'être, Messieurs , &c.

SEPTIÉME LETTRE

DU P. H******

A Paris le . . . . 1785.

J'OSE me flatter, Messieurs, que vous permettrez à un zélé partisan de la sublime découverte du Magnétisme-animal de s'associer à vos travaux par une correspondance suivie , son état ne lui permettant pas de se rapprocher de vous. Les grandes vérités que vous venez de mettre au jour, ne font pas moins l'éloge de vos connoissances infinies , que de votre amour pour l'humanité ; entraîné par un penchant irrésistible vers la Médecine de la nature, je me vois asservi à un joug insurmontable : les combats que j'éprouve vous sont inconnus ; vous donnez l'éssor à vos idées , vous pouvez les suivre , et les réaliser sans craindre d'être jamais en butte aux persécutions , dont j'ai été la victime. *L'évidence des vérités dont j'étois le dépositaire , a fortifié ma confiance , nourri mon intrépidité , & m'a affermi contre les terreurs de la contradiction.* J'en viens à vos découvertes , et je passe tout de suite à l'HOMME-BAQUET , qui renfermant le Baquet octogone , m'empêche de vous parler de ce dernier , qui seroit la plus belle invention du siécle , s'il n'eut pas été suivi d'une plus étonnante encore.

Tous vos momens , Messieurs , sont employés si utilement , qu'il y aura sans doute bien de l'indiscrétion dans la demande que je vais vous faire : je

n'ai entendu parler qu'en gros de vos
cures miraculeuses : ne pourriez-vous
point me faire la grace de m'envoyer
les détails de quelques-unes des plus
remarquables : je serois surtout curieux de connoître vos procédés pour
le mal vénérien que j'ai jusqu'à
présent trouvé rebelle au traitement
magnétique. On m'a aussi parlé d'une
Femme-Baquet, sur laquelle vous m'o-
bligeriez fort de vous étendre un peu.
Je suis à la tête d'un Comité, qui se
croiroit trop heureux de vous compter
au nombre de ses membres. Votre correspondance ne peut que répandre
les plus grandes lumières sur nos opérations : je n'attends que votre réponse
pour faire construire les Baquets dont
l'humanité doit recueillir de si grands
avantages. Nous espérons que vous

remplirez notre attente, et que vous vous empresserez à satisfaire des désirs aussi ardens que bien fondés.

J'ai l'honneur, d'être, Messieurs, &c.

HUITIÉME LETTRE.

RÉPONSE au P. H ✶✶✶✶✶✶

A . . . . . . le . . . . 1785.[1]

LES éloges, Monsieur, que vous nous prodiguez , sont bien faits pour émouvoir notre sensibilité. La réputation méritée dont vous jouissez , leur donne un prix inestimable ; et il est bien flatteur d'être loué par ceux qui ayant approfondi le Magnétisme , sont seuls capables d'en juger pertinemment.

Le récit de vos persécutions nous a attendri jusqu'aux larmes, mais sans nous étonner : les grands talens y ont toujours été exposés ; ce n'est qu'aux grandes ames qu'il appartient de les

envisager avec sérénité. Nous voyons
pourtant avec peine que vous avez eu
besoin de secours étrangers pour *nour-*
rir votre intrépidité & vous affermir
contre les terreurs de la contradiction.

Si vous avez cru nous apprendre
quelque chose de nouveau , en mettant notre Baquet au-dessus de toutes
les découvertes du siècle , vous vous
êtes trompé fortement.

Nous croyons en effet que nos momens sont de quelqu'utilité au public,
et vous avez très-bien deviné , en
nous annonçant qu'il y avoit de l'indiscrétion dans votre demande. Nous
sommes surpris que nos cures soient
parvenues à votre connoissance , même
en gros : elles sont aussi secrettes que
désintéressées : bien différens en cela
d'un apôtre du Magnétisme que l'on

a

a vu dans une grande ville, débiter
sa doctrine au poids de l'or ; il a
tâché d'éloigner ce soupçon par une
voye, qui, pour être publique, n'en
est pas moins suspecte ; le Docteur
en question en est la preuve : car il
n'a pas imposé les mains une seule
fois sans exiger une rétribution d'un
louis au moins.

Dans les détails que vous désirez,
il nous semble que vous vous inté-
ressez de préférence à ceux qui con-
cernent la maladie anti-sociale : il es
certain que c'est de toutes nos cures
celle qui nous fait le plus d'honneur,
et nous nous empresserions de vous
communiquer nos procédés, si nous
ne croyions pas entrevoir que votre
désir est plus personnel que tendant
au bien général. Dailleurs le traite-

F

ment de cette maladie nous paroît in-
compatible avec votre état.

Votre curiosité à l'égard de la *Femme-
Baquet*, est toute aussi déplacée : il
faudroit pour la contenter, nous ap-
pesantir sur des objets également dan-
géreux , pour les yeux et pour le
cœur : nous nous reprocherions sans
cesse de vous les avoir offerts , con-
noissant la fragilité humaine et le peu
de sévérité de vos principes sur cet
article.

Vous nous parlez d'un certain Comité qui désire de nous recevoir dans
son sein : la proposition est sans doute
très-flatteuse : mais elle le seroit beaucoup plus , si nous savions de quelles
personnes il est composé. La seule que
nous connoissions , suffiroit pour nous
donner le plus grand désir d'y être ad-

mis, dans l'espoir que les autres membres lui ressembleroient. Mais comme rien n'est moins sûr, et que nous pensons que notre correspondance n'ira pas plus loin, nous nous en voyons malheureusement exclus.

Le ton leger et familier avec lequel vous finissez votre lettre, nous a paru du meilleur genre. Si vous attendez des détails sur nos Baquets pour faire construire les vôtres, nous ne sommes pas aussi pressés de vous les communiquer, que vous le paroissez de les recevoir ; et le moyen le plus conrt de vous les procurer, est de vous adresser à ceux qui vous ont instruit de nos opérations *en gros.*

Adieu Monsieur.

NEUVIÉME LETTRE.

A M. M*****

A . . . . . le . . . . . . 1735.

Nous vous envoyons, Monsieur,
la copie d'une lettre que nous avons
reçue du P. H****** et la réponse que nous y avons faite. Vous
serez sans doute aussi surpris que nous
l'avons été du contenu de cette épître:
et nous sommes intimement persuadés
que vous approuverez la nôtre. La
doctrine de ce P. est si diamétralement
opposée aux vrais principes, que nous
n'avons voulu établir aucune relation
avec lui ; la grande aisance de son
style , et le ton leste de ses questions
sur une matière aussi sérieuse, auroient suffi pour nous en éloigner ,

s'il ne nous eût pas été connu d'ailleurs. Ses goûts se sont développés
dans le choix des éclaircissemens qu'il
nous demande ; que dites-vous de ce
petit Comité, où il nous invite aussi
gaiement à nous associer ? Ces assem-
blées bâtardes se multiplient tous les
jours au préjudice de la science ; tandis qu'elles deviendroient un moyen
sûr de l'étendre si elles étoient com-
posées de gens sages et dégagés de
tous préjugés : nos sentimens à cet
égard sont si connus, que la proposition du P. nous a paru inconceva-
ble ; nous le laisserons pour reprendre la suite de nos opérations.

Encouragés par nos succès sur l'espèce humaine, nous avons étendu
nos regards sur les animaux : l'Homme-Baquet nous a conduit naturel-

lement à la construction de trois Baquets nouveaux , *le Cheval - Baquet* ,
le Chien-Baquet, et *la Poule - Baquet.*
L'utilité de ces trois espèces d'animaux nous les a fait choisir de préférence ; nous croyons inutile de vous
en envoyer les dessins : il n'y a de
changement à l'extérieur que la figure
de l'animal qui remplace celle de
l'homme , et la grandeur du Baquet qui
varie à proportion de celle de l'*Animal-
Baquet.* Quand à l'intérieur , il différe
beaucoup de celui de l'Homme - Baquet. Les animaux ayant les organes
moins susceptibles d'impression , il a
fallu multiplier les moyens pour agir
efficacement. Le fond des petits Baquets
est rempli d'une décoction de différentes plantes , entremêlées de souffre pul-
vérisé , et de limaille de fer. De plu-

sieurs maladies que nous avons entre-
prises , nous allons en choisir deux
relatives au cheval ; nous passerons
ensuite aux deux autres animaux.

Un cheval de sept ans , poil bay ,
attaqué de la pousse depuis deux ans
nous a été envoyé comme par défi ; il y
avoit des paris considérables pour ou
contre sa guérison. Au bout de quinze
jours nous lui avons rendu le ventre
frais comme un poulain ; il a fait
depuis plusieurs courses très - longues
sans éprouver le moindre battement de
flanc.

Un étalon fort précieux pour le
haras d'un grand Seigneur qui n'a
pas voulu être nommé , nous a été
amené avec tous les symptômes de la
morve ; vu l'importance de cette maladie , le traitement eut lieu de la

manière la plus authentique , devant
un Marcéhal expert des Ecuries du
Roi , un de l'Ecole vétérinaire , et deux
Maréchaux d'un régiment de Dragons.
Au bout de trois jours il y a eu une
diminution sensible dans l'écoulement ,
et le sixième il a cessé tout à fait ; ce
qui n'a pas peu surpris les spectateurs:
nous allons répéter cette épreuve sur
trois autres chevaux que des Anglois
viennent de nous amener, pour s'assurer par eux - mêmes de la réalité
d'une découverte aussi merveilleuse
qu'intéressante.

Un dogue de forte race apparte-
nant à un fermier , avoit été mordu
d'une louve enragée : au bout de
sept jours , on nous amena ce chien
avec les plus grandes précautions : la
maladie étoit dans toute sa force : il
poussoit

poussoit des hurlemens continuels d'une voix cassée et enrouée : tout le quartier demanda à la Police la mort de cet animal également incommode et dangereux : nous obtînmes avec peine deux jours de répit , et nous promîmes de l'abandonner si le traitement ne réussissoit pas. A peine eut-il été placé au Baquet que ses cris diminuèrent et que sa voix devînt naturelle : au bout de seize minutes il tomba dans un profond assoupissement qui dura un quart d'heure : il se réveilla par degrés , et ayant jeté les yeux sur son maître , il parut le reconnoître, et donna des marques de la plus grande joie: à cette vue nous nous hazardâmes à lui ôter sa muselière ; on lui présenta un vase plein d'eau qu'il but avec avidité ; vous

G

avez dû remarquer que les symptômes mentionnés ci-dessus dénotent la rage *enragée*, regardée comme incurable jusqu'à présent ; nous ne sommes pas éloignés de croire que le B. S. H. connoissoit notre procédé.

Un Braque de trois ans, qui avoit beaucoup fatigué dans les chaleurs, et couru grand nombre de lices en amour, avoit les reins très-échauffés, et ne pouvoit plus pisser : on lui avoit fait prendre inutilement une grande quantité de guimauve et d'archa-quange : deux minutes de traitement suffirent pour rendre le jeu aux parties affectées : et dans l'instant il répandit une prodigieuse quantité de pissac.

Ayant préparé notre *Poule - Baquet*, nous nous empressâmes de choisir deux poules ; l'une avoit un flux de ventre , que cinq minutes de traitement ont fait disparoître. L'autre nous a donné plus de peine, et demande plus de détail. Elle étoit sujette à un mal - caduc d'une espèce particulière : quand l'accès la prenoit , on la voyoit d'abord immobile , les ailes étendues ; ensuite les baisser par degrès; peu à peu elle se tenoit sur une jambe , puis sur l'autre , et quelquefois sur les deux , mais pour peu de tems : l'accès finissoit par une marche tantôt lente , tantôt précipitée , et toujours terminée par là chute de l'animal. Dès le second jour , les convulsions cessèrent ; l'apétit revint, et le troisième elle fut rétablie au point de donner un œuf le surlendemain.

Voilà à quoi se réduisent nos expériences , jusqu'à ce moment. Nous nous occupons actuellement du *Mouton-Baquet* et de l'*Ane-Baquet* , qui sont assez avancés. La grande quantité de ces animaux qui attendent nos secours, nous force à y travailler sans relâche. Nous craignons même de ne pouvoir y suffire , vu que nous sommes à la veille de commencer une carrière nouvelle , qui va absorber tous nos moments ; nous nous contenterons aujourd'hui de vous dire que nous préparons un BAQUET-MORAL , qui aura sur les ames la même influence que l'HOMME-BAQUET sur les corps.

Nous n'avons point voulu vous fatiguer de la longue énumération des gens de tout état qui ont assisté à nos opérations , et dont les noms sont consignés chez MM. H. et N.

Notaires de cette Ville : ils en don-
neront connoissance à ceux qui révo-
queroient en doute les faits articulés
dans nos lettres. Nous n'avons pas
rendu cette liste publique , afin que
personne ne put nous accuser de l'avoir
compromis. Cette précaution nous
a paru la plus sure pour prévenir des
abus qui ne se sont que trop multipliés dans de semblables occasions.
D'ailleurs , la vérité a des signes non
équivoques , et qui ne peuvent écha-
per à ses vrais partisans : quant aux
autres , ils seront les maîtres de lever
leurs doutes ou de convaincre leur
incrédulité ; le moyen indiqué ci-
dessus , est celui dans lequel les citoyens
ont mis de tout tems une entière confiance.

Nous avons l'honneur d'être , &c.

DIXIEME LETTRE.

RÉPONSE de M. M•••••

A .... Le .... 1785.

JE vous renvois, Messieurs, les deux
lettres que vous m'ayez fait l'amitié de
me communiquer. J'approuve fort
votre réponse, et je pense que c'est la
seule qui convienne à un homme aussi
leger, et aussi inconsidéré. Si vous
eussiez connu le personnage comme
je le connois , votre étonnement eut
été moins grand; le genre de ses questions m'a paru tout simple et bien
analogue à ses goûts. Je frémis en
songeant au danger que courent les
jeunes élèves qui fréquentent un sujet
aussi pervers. Vous avez agi très-sage-

ment en refusant de vous associer à
un Comité qui n'est connu que par
ses inepties. Que veut dire en effet
cette nouvelle manière de remplacer
un Baquet par un arbre magnétisé , et
garni de cordes ? Vous savez, Messieurs, que mes ennemis ont poussé
la malice jusqu'à m'attribuer l'invention de cette balourdise ; ils ont même
ajouté que j'avois opéré d'après cet
absurde procédé. Mais l'approbation
du petit nombre de gens éclairés me
dédommage pleinement du ridicule
dont une foule ignorante cherche à
me couvrir.

Avec quel plaisir je vais laisser un
sujet aussi fade , pour m'entretenir
avec vous de la suite de vos découvertes qui s'étendent avec une rapi-
dité sans exemple ! Combien vous

devez vous féliciter d'avoir toujours procédé méthodiquement ? Les animaux-baquets qui font la matière de votre lettre, sont une suite directe de l'HOMME-BAQUET. Ce n'en est pas moins un grand mérite que d'avoir perfectionné en aussi peu de tems ce qui paroissoit exiger de très-longs travaux.

L'incrédulité de vos Anglois me semble très-naturelle : mais je suis persuadé que lorsque leurs yeux les auront convaincu de la vérité du fait, ils vous supplieront de leur donner des moyens de construire un *Cheval* et un *Chien-Baquet*. Il est même impossible que l'école vétérinaire hésite un instant à adopter le premier.

L'exercice que fait votre poule dans ses accès est fort singulier. Ce passage subit de l'immobilité au mouvement, ce changement de jambe, et cette marche, tantôt lente et tantôt précipitée, présentent un tableau aussi neuf que récréatif; ce que j'admire le plus dans la guérison de cette poule, c'est l'œuf qu'elle a pondu le surlendemain; pour ma propre satisfaction, assurez-vous encore s'il est véritablement d'elle.

Je vous exhorte à ne pas vous endormir sur la construction des *Mouton-Baquet* et *Ane - Baquet.* Indépendemment du nombre de ces animaux que vous dites attendre vos secours, j'en connois une très-grande quantité, qui sont dans le besoin le plus urgent.

J'en viens à votre BAQUET-MORAL, et vous me permettrez d'attendre les détails que vous me promettez, pour

ajouter foi à ce nouveau prodige qui
renverse absolument mes idées , et
confond mes spéculations les mieux
établies.

J'ai l'honneur d'être, &c.

ONZIÉME LETTRE.

A M. M++++++

A ..... le ..... 1785.

VOTRE incrédulité , Monsieur, nous paroît très-bien fondée : le vrai Philosophe commence par douter , et cherche ensuite à s'éclairer. A votre place , l'énoncé d'une découverte aussi surnaturelle nous eut jeté dans la même incertitude. Nous espérons cependant que la description physique de notre *Baquet-Moral* , et l'énumération des effets miraculeux qu'il a produits , en vous forçant de vous rendre à l'évidence , entraîneront votre admiration.

Le Baquet , selon nos premiers principes , est octogone. Il a 12 pieds.

de diamètre. Il est construit en briques enduites d'un mastic impénétrable à l'air , et de nature à résister au degré de chaleur le plus violent.

Il est séparé en deux parties égales, et qui n'ont aucune communication ; ce qui forme véritablement deux Baquets. Celui de gauche , comprend les angles Nord, Nord-ouest, Ouest et Sud-Ouest ; celui de droite comprend ceux Sud, Sud-est , Est et Nord-est. Le dessus des deux Baquets est de fortes lames de cuivre. On y voit deux figures d'hommes de huit pieds de haut , placées chacune sur un Baquet. Elles sont à six pouces de la séparation intérieure, et adossées l'une à l'autre , sans avoir aucun rapport entr'elles. Leur extérieur est de taffetas gommé , peint en couleur de chair.

Leur intérieur renferme une multitude de divers tuyaux d'une composition métallique. Les principaux visceres sont construits en verre ; ils communiquent auxdits tuyaux , et l'ensemble a de la conformité avec le corps humain. De l'intérieur de chaque Baquet s'élève un siphon de cuivre garni de deux robinets, qui va aboutir à la tête et au cœur des figures, en passant derrière elles ; au dessous de cette machine, à la distance d'environ cinq pieds , sont placés deux fourneaux. Sur celui de gauche , il y a une chaudière dont le couvercle fait en entonnoir pénétre dans l'intérieur des Baquets ; sur le fourneau de droite , est un creuset d'une espèce particulière , rempli de différens sels et métaux ; la chaudière est pleine d'herbes

sudorifiques, et produit des vapeurs ;
il s'exhale du creuset de l'air de plusieurs espèces. Ce plan vous annonce
de grandes choses, et votre attente ne
sera pas trompée. Nous ne vous parlerons pas de certaines préparations
préliminaires, que vous savez être indispensables. Le BAQUET-OCTOGONE
et l'HOMME-BAQUET, vous ont donné
une idée de l'étendue de notre pouvoir
sur les corps : le BAQUET-MORAL va
vous instruire de l'empire que nous
avons sur les ames : leur guérison
nous est devenue aussi familière que
celle des maux physiques. Le Baquet
de gauche a la propriété de faire connoître et de détruire le vice dont
on est atteint. Nous l'avons nommé
le Baquet-Vice ; celui de droite que
nous appellons *Baquet-Vertu* , a celle

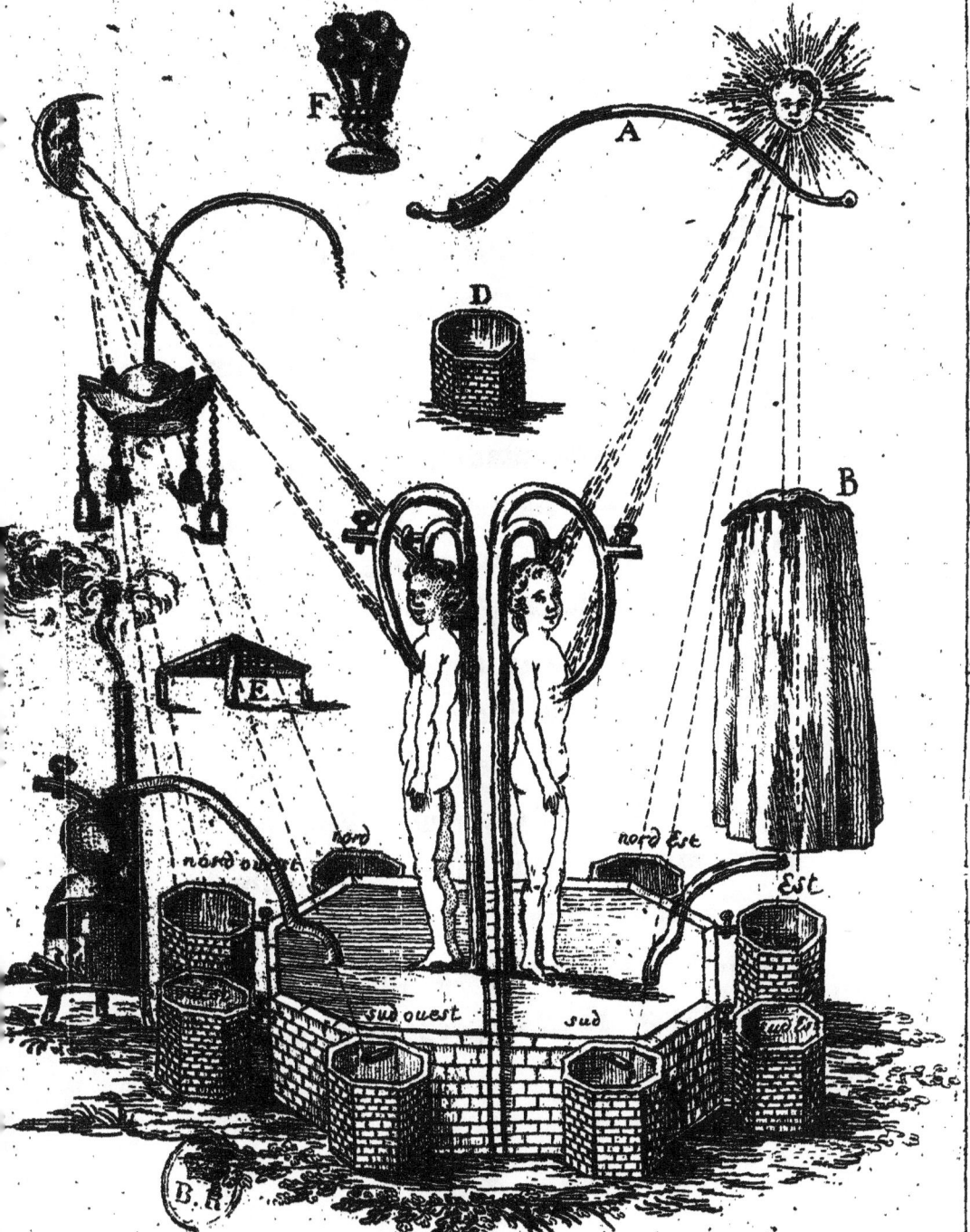

BA[...]T MORAL

d'y substituer la vertu opposée. Nous plaçons à chacun des huit angles, un petit Baquet fait en entier de cuivre, et à deux fonds ; le supérieur est percé d'une infinité de petits trous ; le second se remplit à volonté, et par un robinet correspondant aux g.ands Baquets, de vapeur ou d'air, selon les circonstances. A côté de chaque grand Baquet, sont deux petits fourneaux, au-dessus desquels sont placés deux globes de cuivre, d'où sortent deux tuyaux, qui passant par le grand Baquet, vont aboutir à l'extrémité des syphons dont nous avons parlé ci-dessus. Vous jugerez mieux de leur forme extérieure par le dessin que vous trouverez ci-joint. Des raisons de la plus grande importance nous empêchent de vous dire ce que renferment les globes ; mais nous sommes persuadés qu'après un mûr examen, vous en devinerez le contenu, et que vous approuverez notre silence à cet égard.

Indépendemment des huit petits baquets, il y en a vingt-quatre de rechange, c'est-à-dire, trois pour chaque angle. Ils ont tous la propriété de démasquer un vice ou d'inoculer une vertu.

Ce genre de travail ne peut avoir lieu qu'en plein air : en conséquence nous avons choisi un endroit assez élevé que nous avons fait clorre de fortes planches : à huit pieds de chaque petit Baquet, est une loge en bois où il y a pour tout meuble un matelas de cuir soufflé. Le conducteur A est un tube de cuivre, très-recourbé,

- plein

plein d'un air magnétisé, et terminé par deux boules de verre. B. représente un manteau de taffetas gommé. C. chapeau de cristal, à quatre pointes, qui répondent aux quatre points cardinaux, garnies de bouteilles suspendues à des chaînettes de fer ; les goulots qui ressortent du corps des bouteilles, doivent être dirigés vers la tête du malade. D. baquet de rechange. E. Trépied de cuivre à pieds de verre. F. Entonnoir de verre à huit embouchures, attenant au manteau, pour rassembler les filières du soleil et de la lune. La suite de cette lettre vous apprendra l'usage de tous ces objets.

Voici les procédés que nous employons, pour obtenir nos heureuses métamorphoses. Celui qui se croit atteint d'un vice majeur, monte sur le

H

Baquet gauche, se met en rapport avec
la figure, et se place sur le trépied E,
avec un conducteur à la main droite ;
il le promene sur tous les points de
la figure, appuyant principalement
sur le front et le cœur. Il pose l'autre
extrêmité du conducteur sur la partie correspondante de sa personne.
Arrivé à la partie principe du vice
dont il est atteint, il éprouve un
leger frémissement, qui désigne le
siège de son mal, dont nous igno-
rons encore le nom. Nous le plaçons
aussi-tôt dans un des petits Baquets
que nous changeons, jusqu'à ce que
nous trouvions celui qui lui con-
vient ; ce que nous voyons par une
crise plus ou moins violente, selon
le dégré de la maladie. Alors nous
faisons deshabiller entiérement le

malade , et nous le remettons dans
son baquet couvert du manteau B.
qui l'enveloppe de la tête aux pieds :
la raison en est pour qu'il perde le
moins possible des vapeurs qui s'élèvent
du second fond. Il fait passer le conducteur par un trou pratiqué à cet
effet dans le manteau. Il le pose de
nouveau sur la partie affectée , et sur
celle de la figure, qui lui correspond.
Les convulsions le reprennent , et
augmentent graduellement : il éprouve
en même tems une transpiration co-
pieuse. Quand nous jugeons que la
crise est à son point , nous l'en-
levons , toujours enveloppé du manteau, et l'étendons sur le matelas de
sa loge , où il tombe bientôt dans un
assoupissement plus ou moins long.
Le vice n'est totalement extirpé , que

lorsqu'en entrant dans le Baquet, le
malade n'éprouve aucune sensation ;
pour lors , s'il désire substituer au
vice détruit la vertu, contraire , il
passe à l'un des baquets de l'angle
opposé. Il s'y place nud et couvert
du manteau : à peine a-t-il appliqué
le conducteur , qu'une douce quiétude
se répand dans tout son être. Après
quelques minutes, il s'assoupit; nous
le transportons dans sa loge où il
tombe dans un sommeil profond, qui
ne dure jamais plus d'une heure. Ce
qui prouve indubitablement que la
vertu est bien établie en lui, c'est,
lorsqu'étant dans le Baquet, le calme
bienfaisant qu'il éprouve n'est point
suivi d'assoupissement, au bout de
seize minutes.

Le grand mobile de ces opérations

ne vous est point connu : nous allons
vous donner une bien grande preuve
de la confiance que vous avez su nous
inspirer : nous n'avons pas besoin de
vous recommander le secret le plus
absolu : vous en sentirez la conséquence quand vous verrez à quoi
tiennent les succès dont nous allons
vous entretenir. Voici donc la clef de
ce mystère impénétrable. Vous connoissez l'influence des astres sur tous
les corps : Vous savez que tout leur
est soumis dans l'univers. Leur pouvoir agit également sur les trois régnes :
nous ne parlerons ici que de l'action
du soleil et de la lune sur l'homme ;
elle est telle que notre Baquet-moral
ne peut produire d'effet que par leur
pression immédiate. *Le Baquet-vice* n'a
de vertu qu'au clair de la lune, (le

tems où elle est dans son plein est le plus favorable.) *Le Baquet-vertu* n'opère efficacement qu'au soleil levant; et la séance ne peut être de plus de trois heures. Il est indispensable que le ciel soit serein, ou au moins que les deux astres soient entièrement à découvert : il est fâcheux d'être obligé d'interrompre des traitemens qu'il seroit essentiel de terminer promptement : pour comble de malheur nous regardons comme impossible de remédier à cet inconvénient.

Vous voilà suffisamment instruit du méchanisme de nos opérations, nous allons passer au détail des cures, qui sont en assez grand nombre pour ne laisser aucun doute sur l'infaillibilité de nos moyens.

Nous avons choisi seize vices ou

défauts , qui se rencontrent le plus fréquemment dans la société ; nous les avons répartis également à chaque angle du *Baquet-vice :* en voici la distribution. Nord, *avarice , mensonge, paresse, folie.* Nord-ouest, *hypocrisie, friponnerie , poltronnerie , ingratitude.* Ouest , *orgueil , colère , jalousie , fatuité.* Sud-ouest , *gourmandise , malpropreté , grossièreté , luxure.* Aux quatre angles correspondans , nous avons classé les vertus et qualités opposées , dans l'ordre suivant : Sud , *libéralité , vérité , activité , sagesse.* Sud-est , *franchise , honnêteté , bravoure , reconnoissance.* Est , *humilité , patience , confiance , simplicité.* Nord-est, *sobriété, propreté , politesse , chasteté.*

Nord , *Avarice.* Un vieux C★★★★★★★★ D. M★★★★ jouissant de trente mille

livres de rente , ne dépensoit que quatre cent francs par an , en y compre-
nant la nourriture d'un petit âne avec
lequel il alloit le Dimanche à la campagne , manger la soupe chez un de
ses amis : vous serez peut-être surpris de la modicité de sa dépense ,
mais vous en concevrez la possibilité , quand vous saurez qu'il avoit
des poches de fer blanc , qu'il y rem-
plissoit de victuailles , dont il se nour-
rissoit jusqu'au mercredi ; il alloit le
jeudi , toujours avec son âne , chez
une Dame sur le retour , avec laquelle
il avoit eu anciennement quelque ac-
cointance : il y faisoit le même ma-
nége que chez l'ami du Dimanche. La
nourriture de l'âne doit vous inquié-
ter : Voici comme il s'y prenoit : sous
prétexte d'éviter que le bât ne blessât

le

le baudet , il faisoit mettre dessous une bonne botte de foin , qui ; comme vous pensez , étoit le fond de la provision ; quant au reste , il l'achetoit à moitié prix , d'un vieux cocher du voisinage , qui voloit son maître. Nous ne taririons pas , si nous voulions vous raconter tous les traits de ladrerie qui l'avoient rendu la risée de son canton.

Un vieux Juif de ses amis l'avoit engagé à prêter mille écus à un jeune Officier qu'on disoit fort riche. A peine l'argent fut - il livré , que le jeune homme passa dars le pays étranger : à la première nouvelle de son départ , notre Fesse - Mathieu enfourcha son âne , et courut après , sans avoir eu la précaution de mettre du foin sous le bât. Après trois heures

I

d'un galop précipité, la pauvre bête tomba d'épuisement, et mourut sur la place : notre C******** après avoir vendu à un paysan qui passoit, le bât et la peau de son compagnon de voyage, prit le licol et se pendit à un arbre. Le villageois s'apperçut bientôt qu'il avoit été dupé, et retourna sur ses pas ; mais quel fut son étonnement de trouver son homme pendu ! Il avertit sur le champ le Curé qui le fit détacher, et nous l'envoya incontinent sur une charrette. Nous le trouvâmes avec tous les symptômes extérieurs de la mort. Il eut à peine resté quinze minutes à notre Baquet *Eß*, qu'il reprit entièrement ses sens, et s'écria : *Ah ! mes pauvres mille écus !* Cette exclamation nous démontra à quel point il étoit affecté de la fuite de son Officier. Nous engageâmes le Curé qui ne l'avoit pas quitté , à le consoler ; ce digne Pasteur revint au bout d'une heure , pour nous apprendre que ses exhortations avoient touché ce vieux pécheur , et qu'il demandoit à nous voir : au premier abord, il nous parut répentant , et nous confessa qu'il avoit exigé pour les mille écus un intérêt inoui, même parmi les Juifs. Pour ne point laisser refroidir son zèle , nous nous emparâmes de lui et le transportâmes dans la loge du *Nord* , pour y attendre l'heure favorable. Aprés l'avoir deshabillé , nous l'enveloppâmes du manteau , et le plaçâmes dans le Baquet de l'*Avarice*. Il ne tarda pas à y éprouver une crise violente qui nous inquiéta , vu la timidité inséparable d'un premier essai ; nous le retirâmes après 35 minutes , et le remîmes sur le matelas soufflé , où il reposa un quart d'heure. Nous continuâmes ce traitement pendant cinq jours , au bout desquels sa tranquillité dans le Baquet , nous fit juger qu'il étoit susceptible de passer à celui de la liberalité : mais lorsqu'il en fut question , il se trouva si heureux d'être délivré de son avarice , qu'il ne voulut pas aller plus loin , se méfiant de ses forces , et craignant d'échouer.

Menfonge. Un Ch•••••••• D • S • •• L • • • • retiré avec le grade de Major , chargé de l'inspection des G • • • • C ••• avoit tellement contracté l'habitude de mentir , qu'il s'étoit persuadé que toutes les fables dont il fatiguoit le public , étoient véritablement arrivées;

le dégoût inséparable de ses narrations avoit fait déserter tous les habitués du Café du *Prophète Elie*, où il tenoit ses assises. Il y raconta un jour, entre autres choses, les prouesses qu'il avoit faites au siège de Barcelone ; et quoi qu'on lui prouvât clairement qu'il n'étoit pas né à cette époque, il soutint toujours son dire ; cependant se voyant poussé jusques dans ses derniers retranchemens, il ne trouva d'autre moyen de se tirer d'affaire, que d'assurer qu'il ne parloit pas du siège de 1714 par le Maréchal de Berwick, mais de celui de 1744, par le Maréchal de Saxe, qui avoit pris la ville avec cinq cents Montgolfieres protégées par dix-sept batteries flottantes. Il parut étonné qu'on donnât aujourd'hui ces deux inventions comme nouvelles, et

apporta pour preuve de ce qu'il avan-
çoit, une violente indigestion qu'il
avoit gagnée chez le Général, le lendemain de la capitulation : il ajouta
même qu'il avoit pour voisins , à table,
Milord *Churchill* , propre fils du grand
Malborough , et le jeune Comte *Alma-*
viva , dont le domestique lui avoit
paru très-jovial , mais trop familier.
Les plaisanteries de ce valet amusè-
rent quelque tems , et finirent par
devenir insipides et déplacées. La
chose en vint au point , que *Don*
Michel de Cervantes , Général de l'artillerie , et le Lieutenant-général *Sancho* ,
dernier rejetton des *Pança* , se virent
contraints de faire venir le guet , et
d'envoyer ce mauvais plaisant au
Violon , d'où il ne sortit que pour
être *Frater* dans une compaguie de

Chasseurs. Il finit sa narration par dire qu'on avoit porté les santés du Roi régnant LOUIS XIV. et du GRAND PENSIONNAIRE DE HOLLANDE, son ancien camarade à l'École-Militaire.

Appellé en Province pour l'inspection de sa troupe, notre Major partit en diligence dans une voiture publique, où il ne tarda pas à se faire connoître, en racontant l'histoire ci-dessus, et autres du même calibre ; il parla du motif de son voyage précipité, et ajouta qu'il étoit porteur d'un nouveau modèle de moustaches pour le premier rang de son bataillon, qu'elles étoient de son invention, et approuvées par la société olympique. Pour donner à la compagnie une idée de l'effet qu'elles devoient produire, il

se mît en devoir de les essayer sur un
Moine son plus proche voisin. Celui-
ci peu fait à ce genre de plaisanterie,
et d'ailleurs trouvant le procédé du
Major un peu dégoutant, vu qu'il
employoit la salive pour assujettir les
susdites moustaches, voulut lui dé-
cocher une gourmade ; il fut heureusement retenu par un de nos anciens malades, le Sr. Pognon, men-
tionné dans notre seconde Lettre, qui
revenoit de s'approvisionner à l'*Y grec*.
C'est de lui que nous tenons ces détails
et les suivans.

A la dernière couchée, la conversation roula sur le Magnétisme.
Le Militaire nia jusqu'à son existence,
brusqua le Sr. Pognon, qui lui dit
avoir été guéri radicalement d'une
paralysie, et qui s'engagea même à

le conduire chez les Notaires déposi'
taires de nos certificats. L'incrédule
y consentit, et n'eut rien de plus
pressé à son arrivée, que d'aller vérifier des faits aussi incroyables. Ne
pouvant se refuser à l'évidence, il
témoigna au Sr. Pognon le plus grand
désir d'assister à une de nos opérations. Celui-ci bien sûr de notre complaisance, nous l'amena sur le champ.
Nous venions de finir nos expériences
sur les corps, et avions commencé
celles sur les ames. D'après l'empressement qu'il témoigna d'éprouver
par lui-même notre Baquet moral,
et les renseignemens que nous eûmes
sur son compte, nous le mîmes dans
le Baquet du *Menfonge*, où il éprouva
bientôt des convulsions terribles, surtout à la langue. Nous ne l'y laissâmes

pas long-tems pour la première séance.
Appellé par sa mission , nous eûmes
beaucoup de peine à le retenir avec
nous encore trois jours , qui suffirent à sa parfaite guérison. Il nous
donna sa parole de repasser dans
notre Ville, après son inspection ,
pour y faire usage du Baquet de la
vérité , et se la rendre aussi familière
que le mensonge le lui avoit été jusqu'àlors.

Paresse. Un gros G ++++++ de cette
Ville, copie parfaite de la molesse
décrite dans le lutrin , étoit tombé
dans une apathie sans exemple ; on
le portoit dormant aux Offices , on
l'en rapportoit dans le même état.
Quoique très-bien constitué , l'usage
de ses pieds et de ses mains lui étoit
presqu'inconnu. Il ne sortoit de sa

léthargie que pour se mettre à table.
Un de nos amis fut curieux de vérifier
par lui - même les détails singuliers
qu'on racontoit de ses repas; mais la
chose devenoit très-difficile, vu qu'il
n'y admettoit aucune personne étran-
gère. Le seul moyen étoit de corrompre ses domestiques ; c'est ce
qu'on fit. Notre ami fut introduit à
un dîner , et se plaça derrière le C.
où il étoit d'autant mieux , que la
forme de son fauteuil ne lui permet-
toit pas de se retourner. (Ce fauteuil
étoit à roulettes , garni d'oreillers , et
lui servoit même de garde-robe; aussi
ne le quittoit-il que pour sa stale ou
son lit.) Voici ce que nous tenons
de ce témoin oculaire.

La table venoit précisément au troisième menton de ce grotesque person-

nage : toute sa vaisselle étoit en forme de plat à barbe, afin qué l'assiette s'adaptât parfaitement à son col : deux domestiques étoient à ses côtés : l'un lui portoit les morceaux à la bouche ; l'autre l'essuyoit, et lui donnoit à boire, avec une espèce d'entonnoir recourbé. Pendant tout son dîner, il ne proféra que ces mots : *Soufflez*, *changez*, *Malaga*, *Café*, *roulez*. Ce dernier vouloit dire qu'on l'éloignât de la table. Le spectateur, au signe qu'on lui fit alors, se retira, fort content de ce qu'il venoit de voir. Nous l'engageâmes à s'intriguer pour nous mettre à même d'essayer sur cet être inanimé, la puissance de notre Baquet de la *Paresse* ; ce projet réussit à souhait par l'entremise de ses deux serviteurs, qui, ennuiés de ce genre de

vie , nous le firent tran porter pendant son sommeil. Il se trouva si bien
de la première séance , qu'il ne fit
aucune difficulté de revenir le lendemain et les trois jours suivans , qui
achevèrent sa guérison. Sur ce que
nous lui dîmes , il demanda à passer
au Baquet de l'*Activité* ; il n'y eut pas
resté 40 minutes , qu'il se trouva
tout autre ; ses goûts changèrent au
point qu'il acheta le jour même deux
chevaux de selle , et prit un maître
de danse. Nous avons appris depuis ,
qu'il étoit devenu le plus déterminé
chasseur du Poitou.

Folie. Un jeune Officier , d'un tempérament sanguin , et d'une taille
avantageuse , à son arrivée dans cette
Ville , devint éperdument amou-
reux d'une Demoiselle de fort bonne

maison, dont les sentimens et l'é-
ducation répondoient à la haute naissance. Il commença par mettre ses
grisons en campagne, et envoyer ré-
gulièrement deux poulets par jour,
que la femme de chambre recevoit, et
auxquels elle répondoit à l'insçu de
sa maîtresse, et sous son nom. Ces
réponses exaltoient l'imagination et
alimentoient les feux du jeune homme ;
quoique Gascon, il fut complettement
la dupe de ce stratagême. Quand la
correspondance eut duré quelque tems,
la soubrette, qui, dans le principe,
avoit voulu faire un jeu, finit par se
passionner pour le soupirant de sa
maîtresse. Celle-ci ne savoit que pen-
ser des sérénades journalières dont on
la régaloit, et ne pouvoit s'imaginer
qu'elles s'adressassent à elle. Le mys-

tère impénétrable dont l'amant vouloit couvrir son intrigue, excita la
curiosité de quelques *Epetiers de nuit* :
ils s'en approcherent ; un ample manteau et un chapeau clabaud , les em-
pêchant de distinguer ses traits , l'un
d'eux lui donna un coup de coude,
auquel il ne fit pas attention : on revint à la charge ; alors il mit l'épée
à la main ; les Musiciens indignés de
ce guet-à-pens , et voyant la partie si
inégale , se mirent en devoir de le
secourir ; bientôt la mêlée devint gé-
nérale. On n'entendit plus que le cli-
quetis des épées et le choc des instru-
mens ; on distingua dans le combat
un jeune et vigoureux basson, qui
balança long-tems la victoire : elle
fut décidée un instant par la contre-
basse, qui d'un revers abattit trois

ennemis ; la Demoiselle que ce vacarme
avoit attirée à sa fenêtre , redoutant les
propos auxquels il pouvoit donner
lieu , accabla des plus vifs reproches
l'imprudent jeune homme. Désespéré de se voir traité de la sorte , il
se retourna vers elle en s'écriant : *Vous
le voulez , je vais mourir :* et se préci-
pita dans le plus fort de la bagarre ,
où il fut frappé à la tête d'un violent
coup de basson , qui étoit destiné au
plus acharné du parti contraire ; ce
qui termina la bataille, sans avantage
décisif de part ni d'autre. Le premier
soin des Musiciens fut de relever le
blessé ; la violence du coup ayant
ébranlé les fibres de son cerveau , il se
mit à faire mille extravagances : on le
porta chez lui , où sa blessure le retint
trois semaines : sa tête fut guérie quant

au

au physique , mais les symptômes de folie firent tous les jours de nouveaux progrès; et elle étoit au dernier période quand on nous amena cette victime de l'amour. Il fallut quatre hommes pour l'assujettir dans le Baquet , et le placer perpéndiculairement sous le chapeau G. Au même instant il devint immobile ; nous le laissâmes une demi-heure dans cette position , et le fîmes transporter ensuite dans la loge de son Baquet. Nous suivîmes ce traitement pendant 7 jours, et le dernier , son assoupissement ayant passé les bornes ordinaires , nous nous vîmes forcés, par l'insuffisance de nos moyens accoutumés , de recourir à celui qu'une suite infinie de calculs nous avoit démontré infaillible pour toute espèce de folie. Il consiste

K

à jouer sur un violon l'air ci-joint, qui ne peut être remplacé par aucun autre, et qui ne tarde pas à réveiller le dormeur, s'il est exécuté avec précision, et surtout avec la plus grande justesse; le moindre ton faux suffiroit pour exciter une crise très-violente. Ces huit jours de traitement détruisirent sa folie sans affoiblir son amour. Nous l'engageâmes à passer au Baquet de la *Sagesse* : il y consentit d'autant plus facilement, que nous l'instruisîmes du manège de la femme de chambre; trois séances anéantirent sa passion, et le rendirent le modèle de tout son régiment.

Le nommé *Gratte*, Maître-Clerc de Mr. *Démange*, né avec un talent supérieur pour la Pratique, et une ambition démesurée, portoit ses préten-

tions jusqu'à la charge d'Huissier à
verge. Son Procureur avoit une femme assez revenante, et bien propor-
tionnée ; notre égrillard la convoitoit
depuis long-tems ; elle le recevoit
avec complaisance, mais lui laissoit
toujours quelque chose à désirer. La
tournure élégante du jeune *Gratte*
comparée à celle du vieux *Démange*,
fit insensiblement pencher la balance
de son côté ; cet avantage n'échappa
point à des yeux clair-voyants. On
avoit pour lui mille petites préfé-
rences : servoit-on le Dimanche un
aloyau ? Madame Démange escamo-
toit adroitement le morceau du Procureur, et le faisoit passer au cher
Gratte. Elle partageoit avec lui son
flacon de vin, tandis que les autres
Clercs étoient réduits à *l'abondance* ;

lui seul prenoit une tasse de café qu'on
lui portoit en cachette après le dîner.
Ces attentions, quoique légères, ne
tardèrent pas à offusquer M. Démange, qui chercha à s'assurer de ce qui
se passoit. Un soir qu'il rentroit chez
lui, il entendit quelque bruit dans
sa cave : se figurant qu'on lui voloit
son vin, il descendit en tapinois ; et
dès qu'il fût à portée, il distingua clairement ces mots, *Gratte.... Gratte....
mon cher*, *Gratte !* Aussitôt il s'élance
furieux, mais il rencontre un ton-
neau et tombe lourdement sur un robinet qui le blesse au front en deux
endroits d'une maniere inéffaçable.
Sa femme et son Clerc profiterent
de ce moment pour se dérober à
la fureur d'un mari justement irrité :
mais le malheureux Gratte ne put

échapper à son courroux ; il fut chassé sur l'heure. Ce malheureux jeune homme n'ayant aucune ressource , postula une place de *Corbeau* , qu'il préféra à la cruelle alternative de voler ou de mourir de faim. Il eut le bonheur de l'obtenir, et son début fut le convoi d'un Prince : les réflexions qu'il fit, en tenant son coin, sur l'instabilité des grandeurs humaines, lui rappellèrent le poste brillant qu'il auroit pu occuper , et ce cruel souvenir dérangea tellement l'équilibre de ses organes, qu'il devint fou. Il croyoit alternativement être Roi , Pape , Evêque ou Président. Un soir nous le vîmes arriver avec une couronne de papier doré sur la tête : il nous demanda si nous voulions entrer dans ses gardes du corps : nous

eûmes l'air d'y consentir, et l'engageâmes à prendre place sur le trône
que nous lui avions destiné. Ce trône
n'étoit autre chose que le Baquet de la
Folie, où nous l'opérâmes comme le
précédent et avec le même succès :
l'effet du Baquet de la Sagesse fut aussi
heureux. Nous lui donnâmes une
dernière preuve d'intérêt en le faisant
entrer dans une autre Etude où il a
parfaitement réussi.

Un Poète âgé de vingt-cinq ans,
débuta dans la carrière Littéraire par
deux Élégies sur la mort de la Com-
tesse de Chaz * * * *, et la catastrophe
de deux frères jumeaux qui périrent
ensemble ; elles eurent un certain
succès dans les sociétés du Marais, et
l'Isle St. Louis, en parut satisfaite.
Mais la Chaussée d'Antin les jugea
plus sévèrement, et obtint même

Le Reveil des fous

contre l'Auteur, *la protection* de quelques Journaux. Ces légères contradictions ne servirent qu'à enflammer davantage sa verve poëtique , qui s'exhala dans sa fameuse tragédie du *Somnambulisme en déroute*. Si le public accueillit mal cette sublime production dans sa naissance , il n'en faut accuser que les efforts d'une nombreuse et puissante cabale ; mais peu de tems après , le bon goût reprit le dessus, et ce même public applaudit avec transport à un ouvrage qu'il avoit si injustement rejetté. Tout le monde sait par cœur cette pompeuse tirade , par laquelle le Docteur ouvre la scène, environné de ses *Somnambulistes*.

Vous , dormeurs éveillés ; aveugles clairvoyans ,

Mercénaires soutiens de ma triste Boutique , &c.

Hélas ! il étoit trop tard : le coup étoit porté : la chûte du Sophocle moderne avoit entièrement dérangé son cerveau : on l'enferma à M.✱✱✱✱✱✱ maison de force près de cette Ville. Sur notre demande, le Directeur nous le fit conduire. A son arrivée, il nous récita des scènes entières d'*Albert & Emilie*, des *Barmécides*, de *Timo-léon*, de *Denys le tyran*, de *Cléopatre*, de *la mort de Socrate*, d'*Amalazonte* et de *Guillaume Tell*. Il assaisonna ces tirades de morceaux pris dans le *Vindicatif* et dans *Clementine et Desormes*, prétendant nous prouver que tout cela étoit dé-testable. Convaincus de sa folie par une opinion aussi erronée, nous commençâmes son traitement sans re-tard. Il fut guéri en quatre jours par nos procédés ordinaires , et obtint sa

liberté,

liberté, après un mûr examen. Le
Directeur fut si émerveillé de ce prodige, qu'il nous envoya tout de suite
un Musicien qui troubloit le repos de
sa maison, en chantant continuellement des morceaux dont le choix
étoit une preuve convaincante de sa
folie. Il répètoit sans cesse des airs de
Péronne sauvée, entre autres celui, *Ah*
que je hais l'heureux François : de *Théo-*
dore et *de la Sorcière par hasard*. Nous
lui rendîmes la raison en deux séances,
et il renonça pour toujours à s'occuper de productions aussi misérables.
Nous ne proposâmes point à ces deux
personnes de passer au Baquet de la
sagesse ; nous crûmes cette vertu in-
compatible avec leur profession.

Des occupations indispensables
nous forcent à renvoyer à la fin de la

L

semaine , la suite de cette Lettre , qui
contiendra de nouveaux détails non
moins intéressans que ceux dont nous
venons de vous faire part.

Nous avons l'honneur d'être, Monsieur , &c.

DOUZIÉME LETTRE,

DE M. D*****

A Paris le. . . . . . . 1785.

UNE personne connue par l'étendue
de ses connoissances, Messieurs, m'a
parlé avec enthousiasme de vos travaux sur le Magnétisme, dont elle a
été témoin ; j'ai communiqué à mon
Comité les merveilles que vous avez
opérées, et je suis chargé de vous
offrir de sa part, cinquante mille écus,
pour le secret de l'HOMME-BAQUET.
Nous nous engageons de plus à vous
donner une somme pareille, si nous
venons à dévoiler vos procédés avant
le tems que vous nous fixerez.

Vous êtes, sans doute, aussi indignés que moi de ces odieuses barrières

L 2

dans lesquelles nous allons être resser-
rés ; vous sentez que je veux parler de
la nouvelle enceinte de cette Ville.
Quelles entraves ne va-t-elle pas mettre
à l'influence des filières du soleil et
de la lune ? De plus, la circulation de
l'air en sera interceptée ; les courans
n'auront plus la même activité ; les
vapeurs crasses et malignes fixées sur
cette malheureuse Cité, vont y répandre une contagion qui ne tardera
pas à la rendre déserte.

Dans tout ce qu'on m'a raconté de
vos opérations, je n'ai rien vu qui
eut rapport au *Somnambulisme :* je crois
cependant que vous n'aurez pas oublié
cette partie si importante. Parmi plusieurs découvertes auxquelles elle m'a
conduit, je suis surtout enchanté de
celle relative aux odeurs ; je fais sentir

à ma volonté, le jasmin, la rose, l'œillet, en un mot, tous les parfums imaginables, en présentant à la personne le bout d'une canne, même trempée dans des odeurs diamètralement opposées.

J'attends votre décision sur la proposition que je viens de vous faire de la part de mon Comité.

J'ai l'honneur d'être, Messieurs, &c.

TREIZIÉME LETTRE.

A M. D.....

A...... le....... 1785.

COMMENT les offres que vous nous faites, Monsieur, ont-elles pu entrer dans votre tête? Elles dénottent bien une ame intéressée, et qui juge des autres par elle. La modicité de la somme que vous nous proposez, nous fait douter que vous ayiez réellement eu l'intention d'acheter notre secret : vous devez savoir mieux que personne, ce qu'a couté une découverte qu'on ne peut comparer à celle de l'HOMME - BAQUET. Notre désintéressement est connu, et auroit dû nous éviter une proposition de cette nature.

Vous vous plaignez de la hauteur qu'auront les murs qui formeront l'enceinte de Paris ; nous pensons bien différemment : car nous les eussions désiré de cent pieds d'élévation. Vous ne pénétrez pas nos motifs ; et à vous parler sans fard, nous n'en sommes pas étonnés. L'ombre de réputation que vous avez extorquée aux *bonnes ames* de la Capitale, va se dissiper, et vous laisser retomber dans le néant dont vous n'auriez jamais dû sortir. Cependant un reste de pitié nous parle encore en votre faveur , et nous allons vous en donner une preuve certaine, en vous confiant le moyen de retirer un grand bien de ce que vous avez envisagé comme un mal.

Les murailles de l'enceinte de Paris

étant portées à ceut pieds d'élévation pourroient être divisées en huit parties à peu près égales, et former une espèce d'octogone : aux huit angles, on placeroit huit réservoirs un peu plus grands que ceux de la pompe à feu du Sr. Perrier : ils contiendroient quarante mille muids d'eau magnétisée. Indépendamment de ces réservoirs, on en ajouteroit huit autres d'une capacité triple des premiers, qui seroient dans la direction des angles, et qui communiqueroient entre eux par de gros cables magnétisés. De plus, on établiroit sur les principales Eglises, un conducteur qui iroit aboutir dans le réservoir le plus voisin. Les malades seroient plongés à trois reprises dans cette eau magnétisée, ayant attention de se tenir à des cordes

attachées aux cables. Cette immersion
seroit répétée pendant trois jours, et
si la guérison ne suivoit pas, on
prendroit pendant trois semaines trois
remèdes anodins de cette eau par jour:
pour lors, si la maladie étoit encore
récalcitrante, il faudroit que le malade ne fît absolument usage que de
cette eau pendant trois mois. Si contre toute attente ce dernier remède
étoit sans effet, on enverroit *le pauvre
diable* pendant trois minutes à notre
Homme-Baquet, qui seroit établi à
la Barrière de la conférence, où nous
ne traiterions que les *désespérés*.

Si vous aviez conservé pour M.
M***** la reconnoissance, et j'ose
dire, le respect que vous lui deviez à
tant de titres, vous ne seriez pas tombé dans une erreur aussi grossière que

celle du *Somnambulisme* : vous avez crû pouvoir voler de vos propres aîles , dans le moment où un guide éclairé vous étoit d'une nécessité absolue : c'est alors que vous eussiez vu sous quel point on doit envisager de pareilles folies. Votre maître vous eut appris qu'elles ne sont inventées que pour en imposer aux sots ; et nous voyons avec douleur, que vous avez suivi le torrent. Aussi est-il tout simple que des gens véritablement instruits , que vous avez fatigués de ces absurdités , ayent attribué à l'imagination seule , ce qui est l'effet d'une science réelle , mais malheureusement inconnue au plus grand nombre de ceux qui la pratiquent.

Quant au chapitre des odeurs , vous êtes la seconde personne qui ait

osé nous en parler : nous profiterons
de cette occasion pour vous observer
à l'un et à l'autre, qu'il y a des choses
tellement invraisemblables, que lorsqu'on croit les voir réellement, il faut
avoir le bon sens de les garder pour
soi. Il est des cas où il vaut mieux
faire le sacrifice de son amour propre,
que de jetter un ridicule, souvent
ineffaçable, sur une doctrine dont on
s'est affiché le prôneur.

Nous sommes, Monsieur , &c.

QUATORZIÉME LETTRE.

A M. M+++++

A . . . . . le . . . . . 1785.

Nous avons terminé , Monsieur,
les affaires qui nous avoient forcé
d'interrompre le récit des cures opérées par le BAQUET -MORAL. Nous
allons le reprendre , dans la ferme
persuasion, que vous serez aussi satis-
fait de la suite, que vous avez dû l'être
de ce qui a précédé.

NORD-OUEST, *hypocrisie*. Vous savez
qu'il est des faits qu'on ne peut qu'indi-
quer , et des personnes qu'il est dangereux de démasquer ; celle qui fait le
sujet de cet article est de ce nombre.
Elle vint nous trouver avec le mystère

le plus profond, et nous supplia de lui accorder un entretien particulier. Son caractère ne lui permettant pas de se soumettre aux épreuves réquises, pour s'assurer du vice dont il étoit souillé, nous l'engageâmes, pour les lui épargner, à nous faire sa confession. Après avoir témoigné un peu de répugnance, il commença ainsi :

» J'ai toujours cherché à porter le trou-
» ble dans les familles, j'y ai réussi ;
» je suis parvenu à brouiller une mère
» avec son fils ; j'ai obligé la fille de
» plaider contre sa mère, et le fils
» en est mort de chagrin ; je me suis
» tellement emparé de l'esprit d'une
» jeune demoiselle qui venoit de se
» marier, que n'ayant pu parvenir à
» la faire séparer de corps d'avec son
» époux, je lui ai prescrit les jours

» où elle devoit vivre maritalement,
» Entraîné par la grace , j'ai recours
» à vous avec la plus grande con-
» fiance ».

D'après cet exposé , nous jugeâmes
que le Baquet de l'*hypocrisie* étoit celui
qui lui convenoit. Nous le délivrâ-
mes en trois séances d'un vice aussi
abominable. Il fut tellement touché
du changement subit que nous avions
opéré en lui , qu'il crut ne pouvoir
mieux réparer sa vie passée, qu'en
engageant tous ceux qu'il connoissoit
attaqués de ce vice , à recourir à nous ;
et il nous annonça, en conséquence,
un de ses amis, demeurant rue des
Blanc-manteaux , qui nous seroit
amené par MM. de R******, et de
P******.

Friponnerie. Plusieurs personnes que

leur rang ne permet pas de nommer, sont venues nous faire l'aveu que sans aucun respect pour le lieu où ils se trouvoient, ils avoient corrigé la fortune au jeu, et qu'ils n'avoient ouvert les yeux sur leur imprudence, que par la seule crainte d'être découverts, ce qui causeroit un tort irréparable, à leur avancement et à leur existence. Nous vîmes avec peine le motif peu délicat de leur changement, et nous ne le leur dissimulâmes pas : ils s'excusèrent sur la longue habitude fortifiée par l'exemple continuel des gens de leur société à qui ce manège n'avoit rien fait perdre de leur considération. L'un d'eux nous ajouta que sa liaison avec un de ces *Grecs* de bonne compagnie, lui avoit valu la place qu'il occupoit dans la maison d'un Prince.

A peine placés dans le Baquet, ils ont éprouvé aux deux mains des tiraillemens incroyables, qui se sont renouvellés à chaque séance ; vû le dépérissement prématuré de leurs organes, nous avons été forcés de les abréger infiniment, ce qui a prolongé le traitement de plusieurs jours: ce n'a été qu'après trois semaines que nous avons cru ces jeunes gens en état de passer au Baquet de l'*Honnêteté* : un seul y a consenti; mais s'est contenté d'une séance fort courte, qu'il a prétendu devoir lui donner une supériorité marquée sur tous les *aimables* de son espèce. Pour les autres, ils ont refusé constamment, persuadés de l'inutilité absolue de cette vertu dans le pays qu'ils habitoient.

Poltronerie. Depuis la fin de la guerre,

guerre, plusieurs Militaires qui se sont
retirés dans cette Ville, ont eu la complaisance d'assister à nos traitemens :
ils ont vu avec peine que notre Baquet de la *Poltronerie* n'étoit pas occu-
pé ; ils nous ont offert de nous indi-
quer plusieurs sujets dignes d'y figu-
rer à tous égards, et se sont même
engagés à nous en procurer un que son
rang avoit mis dans une plus grande
évidence. Nous avons accepté leurs
offres obligeantes, et peu après, il nous
est arrivé un C⁕⁕⁕⁕⁕ qui avoit fait
la guerre dans une contrée fort éloi-
gnée. On nous avoit raconté de lui,
que chargé d'une attaque intéressante,
il apperçut à peine l'ennemi, qu'il fit —
volte face, et chercha son salut dans
la fuite. Se voyant poursuivi, il ga-
gna un pont qu'il connoissoit, dans

M

l'intention de le rompre après son passage ; mais cette ressource lui avoit été enlevée par les ennemis, qui l'avoieut prévenu ; à ce fâcheux aspect, il s'écria : *O ciel ! que vois-je, le Pont est cassé* ; et se blofit dans un fôssé voisin, d'où les ennemis le retirèrent avec de grandes précautions, se figurant qu'il étoit dangereusement blessé ; mais ils le trouvèrent sain et sauf. Il n'en vint pas moins à bout de tourner cette circonstance à son avantage, et d'obtenir un grade supérieur. Plusieurs autres venus d'A******* qui ont été aussi favorablement traités, nous ont été cités pour avoir ramassé beaucoup de *pailles* dans la tranchée, et avoir éprouvé une courbature à chaque coup de canon.

Peu de nos malades ont ressenti

des tremblemens aussi violens et aussi universels : nous n'en sommes pas moins parvenus à détruire en eux un sentiment aussi bas, et à y substituer celui qui est naturel à la nation Françoise : nous venons d'apprendre que trois d'entr'eux ont lavé des offenses reçues et oubliées depuis plusieurs années.

Ingratitude. Un M. D. P. D. G, fut chargé par un de ses amis intimes, à qui il avoit les plus grandes obligations, de solliciter à Paris pour son fils une charge considérable : il partit muni de tous les renseignemens nécessaires pour réussir. Ses lettres présentoient à son ami les plus flatteuses espérances, et lui promettoient un prompt succès ; mais trouvant jour à tirer parti de ses peines, il

M 2

sacrifia les liens les plus sacrés à un
vil intérêt , et obtint pour lui même
la charge destinée au fils de son ami.
De retour dans sa famille , tout le
monde lui témoigna l'indignation
qu'excitoit la noirceur de sa conduite:
excédé de ces reproches continuels , il
chercha à se dissiper en voyageant ;
un heureux hasard le conduisit dans
la Ville que nous habitons : poussé
par ses remords , et encouragé par le
grand nombre de nos conversions , il
nous demanda avec instance d'éprouver nos Baquets , et commença par
celui de l'*Ingratitude* , où il ne fut pas
plutôt , qu'il ressentit les douleurs les
plus vives , accompagnées de convulsions. Six jours de crise , et trois
séances au Baquet de la *Reconnoissance* ,
le changèrent au point qu'il parvînt

à se défaire de sa charge en faveur de celui qu'il avoit si indignement trompé.

OUEST. *Orgueil*. Trois Princes dont un A ××××××, un P×××××× et un R ×××× arrivèrent ici il y a quelques jours avec le faste le plus ridicule. Ils alloient dans la Capitale où ils se proposoient d'éclipser nos plus huppés F×××××××× Pour vous donner une idée de leur magnificence, ils avoient amené cinq cents chiens, trois cents cinquante chevaux, cent soixante piqueurs ou valets de pied, et quarante musiciens. L'A×××××× se faisoit appeller, *mon digne Souverain*, le P×××××× *mon grand Monarque*, et le R×××× *mon brave Potentat*; ils ne souffroient pas que leurs cochers les menassent autrement que le chapeau sous

le bras ; lorsqu'on leurs adressoit la
parole, elle ne leur étoit rendue qu'après
avoir passé par six personnes qui
avoient le titre *de porte - voix*. La réponse parvenoit par la même *cascade*.
Ils avoient la troupe de Comédie la
plus complette : elle étoit composée
de *Blétonistes* , *Economistes* , *Martinistes*,
Somnambulistes, & *Cagliostristes*. L'avant
garde de ces trois augustes voyageurs
étoit formée de douze Magnétiseurs ,
dont l'office consistoit à établir des
courans magnétiques pour purifier
l'atmosphère ; on faisoit la même céré-
monie dans les appartemens que les
Princes devoient occuper.

Nous croyons ces détails suffisans
pour vous peindre le plat orgueil de
ces personnages ; les sommes qu'ils
avoient ramassées en pressurant leurs

malheureux vassaux, se dissipèrent en peu de temps , et ils se virent dans l'impossibilité de continuer leur route ; ils songèrent à se procurer des fonds pour retourner chez eux. A cet effet , ils résolurent de céder leur troupe de Comédie , comme la chose la plus dispendieuse et la plus inutile. Leur attente fut trompée : ce genre de divertissement n'étoit plus de mode, et l'on avoit pour un écu , ce qui s'étoit payé cent louis. Ils se virent donc forcés d'abandonner une troupe de Bateleurs qu'ils ne pouvoient plus entretenir. La seule ressource de ces étourdis fut dans la vente de leurs équipages qu'un Juif nommé la J****** acheta en totalité. Ils ne purent voir sans un vif dépit, tous leur attirail passer dans les mains

d'un Israélite. Les réflexions que leur
suggéra un événement aussi inouï,
firent naître en eux une juste aversion
pour la sotte vanité, qui les domi-
noit ; ils profitèrent de la facilité
qu'offroit notre BAQUET - MORAL ,
pour extirper le germe d'un vice aussi
odieux ; leur guérison ne fut l'ouvrage que de deux jours , par les
bonnes dispositions où ils se trouvoient. Le Baquet de l'*Humilité* eut
un effet encore plus prompt : après
nous avoir fait des remercîmens
proportionnés à l'importance de nos
services , ils partirent dans un *tapecu*
pour regagner leur patrie, et y donner l'exemple de l'*Humilité* la plus
parfaite.

Colère. Plusieurs jeunes C******
A********** connus par leur mé-
chanceté

chanceté et la violence de leur caractère,
vinrent en France pour étudier les
différentes nuances des systêmes militaires. Accoutumés à une discipline
brutale et analogue au génie de leur
nation , nos moyens leur parurent
d'une douceur qu'ils ne pouvoient
concilier avec la dureté de leurs principes. Cependant ils trouvèrent dans
leur tournée quelques-uns de leurs
Confrères , dont les voyages avoient
développé les heureuses dispositions ,
et qui marchoient à grands pas sur
leurs traces. Ils se reconnurent à
plusieurs traits ; celui-ci les piqua par
sa nouveauté , et ils le notèrent pour
l'essayer à la première occasion.

Un V****** G********** couvert de
blessures, que la pauvreté avoit réduit
à l'état de subalterne, et que la con-

N

tinuité de sa bonne conduite avoit rendu respectable, même à ses supérieurs, eut le malheur de laisser vaciller son arme dans un moment d'immobilité. Aussi-tôt le C＊＊＊＊＊ aveuglé par la colère, et écumant de rage, pique des deux, renverse l'Adjudant, casse la cuisse au Tambour-major, et se précipite, la canne levée, sur cet infortuné militaire, à qui il en assène plusieurs coups : non content de cet outrage, il le fait sortir du rang, et le maltraite de nouveau: sa férocité n'est assouvie que lorsque l'instrument infâme se brise dans ses mains. Ce brave V＊ dont l'honneur avoit dirigé toutes les démarches, désespéré d'un traitement aussi injuste qu'ignominieux, croit ne pouvoir survivre à cet affront, et se plonge sa bayonnette dans le cœur.

Les A·········· ne tardèrent pas à entendre parler de notre Baquet-moral et de ses effets , qu'ils regardèrent comme fabuleux ; l'un d'eux poussa l'incrédulité jusqu'à parier qu'il feroit l'essai de nos Baquets sans éprouver la moindre sensation. Il y vint en conséquence, et nous demanda, de l'air le plus assuré , par lequel il devoit commencer. Sur ce que nous savions de lui, nous le fîmes entrer dans le Baquet de la colère : personne jusqu'alors n'avoit ressenti de secousses aussi terribles. Elles se manifestèrent aux deux bras avec tant de force, que nous fîmes obligés de les lui attacher. Un calme parfait succéda en moins de deux heures à cet état violent. Il refusa de passer dans le Baquet de la patience, cette vertu étant tout-à-fait contraire à la constitution militaire de son pays. Pour les autres, rien ne put les convertir, soit qu'ils fussent retenus par la crainte des crises dont ils venoient d'être témoins, soit endurcissement dans leurs faux principes: nous nous séparâmes sans regret de ces êtres si méprisables.

Jalousie. Nous ne nous étendrons point sur plusieurs cures que nous avons faites à ce Baquet ; ces détails ne présenteroient rien de neuf ni de piquant : trois jaloux que nous avons guéris en moins d'une semaine, n'ont fait que nous rappeler ce qui se passe habituellement dans la société , et ces aventures si rebattues dans tous les Romans.

Fatuité. Une foule de jeunes gens qui n'ont pour tout mérite qu'un bon

Tailleur , un excellent Perruquier et la *pâleur intéressante* , sont venus à nous, conduits par différens motifs. Nous les avons dissuadés , l'un de se croire un grand personnage , parce que son père avoit un mérite supé- rieur ; l'autre de se rafraîchir le teint avec des rouelles de veau ; celui-ci de se regarder sans cesse les jambes, où il ne devoit rien voir de bien satis- faisant ; celui-là de s'imaginer être un habile Tacticien, parce qu'il avoit vu manœuvrer six bataillons Prussiens, et dansé aux bals de la Cour. Nous avons démontré à ces voyageurs à la mode, combien il est ridicule de vou- loir être plus instruit dans l'art mili- taire, que ceux qui ont blanchi sous le harnois à l'École des plus grands maîtres. Nous leur avons fait sentir en outre à quel point est déplacée cette fureur de l'anglomanie, qui consiste dans un extérieur grotesquement étudié, et dans le baragouinage de quelques mots, dont l'habitude finit par les rendre presque inintelligibles dans leur propre langue. Ils sont convenus de bonne foi qu'ils n'avoient une certaine supériorité que lorsque la conversation rouloit sur les chevaux, les *Jockeys* ou les filles d'Opéra ; que malheureusement pour la nation Françoise, ils ne sortoient du royaume, que pour étaler leurs ridicules chez les étrangers, et en rapporter leurs *travers* et leurs *excès.*

La candeur et l'ingénuité de ces aveux nous affermirent dans l'idée où nous avions toujours été que ces *Elégans*, étoient foncièrement *d'une bonne*

pâte : aussi une seule séance au Baquet de la simplicité les métamor-
phosa-t-elle en hommes vraiment
estimables : leur changement fut tel ,
que leurs anciennes sociétés les reconnurent à peine , et s'accoutumèrent
difficilement à une conduite si peu
conforme à la leur.

SUD-OUEST. *Gourmandise.* Un de
nos amis de Grenoble , amateur des
bons morceaux , nous amena certain
parasite de sa connoissance , qui n'a-
voit d'autre existence que d'être à
l'affut des grands repas. Peu délicat
sur le choix des moyens , aucune
bassesse ne lui coutoit pour y être
admis. Tour-à-tour , vil complaisant ,
ou espion gagé , il ne se faisoit aucun scrupule de servir aux recherches
de la Police , et de se rendre utile dans

les intrigues galantes. Souvent il étoit le plastron des railleries de tous les convives ; mais loin de paroître sensible aux avanies sans nombre dont on l'accabloit , il s'estimoit très-heureux de faire bonne chère à ce prix, et de s'en donner à *regorge - museau*.

Nous vîmes avec douleur un homme né de parens honnêtes , réduit à cet état d'abrutissement, et sans autre ressource. Nous ne nous contentâmes pas de le guérir et de le rendre sobre, nous achevâmes cette bonne œuvre en obtenant pour lui une place de *Commis aux barrières de sa patrie*.

Malpropreté. Cet article vous présenteroit des images trop dégoutantes, que nous voulons vous épargner. Nous nous bornerons à vous dire que sur le grand nombre de ceux que nous avons *blanchi*, l'Auvergne, la Champagne et le Limosin ont fourni le plus de sujets. Leur retour chez eux devenant embarrassant, vu la distance des lieux, et l'*exiguité* de leur *frusquin*, nous avons eu la complaisance d'avancer les frais de la diligence à ceux qui n'étoient pas assez cossus pour *enfourcher le bidet*. Ils nous ont promis en revanche, de nous envoyer dans la saison quelques sacs de chataignes de la première qualité, quatre jeunes bardots, et six douzaines de fromages de Brie, que nous partagerons volontiers avec vous.

Grossièreté. Des C******* élevés dès leur enfance dans une grossièreté et une insolence qui n'ont fait que se fortifier avec l'âge, se trouvèrent rassemblés dans une Ville où leur caractère se développa dans toute son étendue. On vit avec indignation le peu d'égards qu'ils témoignoient à ceux qui les combloient de politesses: rien ne pouvoit les déterminer à porter la main à leur chapeau. Loin de chercher à mitiger l'autorité absolue qu'ils ne devoient qu'à leur rang, ils se plaisoient à la rendre plus insuportable par des paroles également indécentes et proscrites ; ils alloient même jusqu'aux *voies de fait*, compromettant ainsi, non seulement leurs personnes, ce qui eut été assez indifférent, mais encore l'autorité qui doit toujours être sacrée.

Un ordre supérieur les força de se livrer à nous, et il nous fut enjoint d'essayer de les convertir. N'ayant pas encore fait usage du Baquet de la grossièreté, nous étions dans une espèce d'incertitude sur son efficacité : jugez de notre joie d'avoir une aussi belle occasion de nous rendre utiles ; dans notre transport, nous nous écriâmes unanimement : *Faciamus experimentum in animâ vili*, et nous travaillâmes sur le champ ces impertinents C*******. Ces cures ont été les plus longues, et même l'un d'eux a résisté vingt jours à tous nos efforts. Ce n'est que depuis peu que nous sommes parvenus, par le moyen de notre Baquet de la *Politesse*, à leur faire passer dans les bras la *flexibilité honnête* qu'on devoit naturellement s'attendre d'y rencontrer ; et dans les expressions, la décence dont ils n'auroient jamais dû s'écarter.

Luxure. Un I******* qui dans sa

jeunesse avoit été entraîné par l'im-
pétuosité de ses passions , s'étoit laissé
corrompre par le mauvais exem-
ple des jeunes geus de son âge. Il
couroit habituellement *le Guilledou* , et
se livroit indistinctement à tout ce
qui se présentoit. Il eut bientôt épuisé
tous les genres de lubricité connus ,
et il enchérit même sur les infamies
de l'*Auteur Italien*. Ayant éprouvé des
échecs multipliés dans une guerre
aussi périlleuse que séduisante , la
Faculté ne put parvenir à ranimer ce
squelette, quoiqu'elle eût employé tous
les moyens usités en pareille occasion ;
loin de lui avoir apporté le moindre soulagement , ils n'avoient fait
qu'ajouter à l'anéantissement de ce
corps exténué.

On lui ordonna pour dernière res-

source d'aller prendre les eaux de
Plombières. Malgré l'affoiblissement
général de ses organes, il ranima le
peu de vigueur qui lui restoit pour
faire fa cour aux femmes, que des
motifs différens y avoient rassemblées.
Son *piteux* état ne put être long-tems
caché à des yeux *connoisseurs* ; on l'accabla de tant de plaisanteries qu'il dé-
serta de ces eaux, et se replia sur celles
de Bain. Les *exercices* de M. de W****
présidés par un C****** de D*****
lui ayant donné la plus haute idée
du Magnétisme, il le crut capable de
réparer sa débilité. Son mal prove-
nant plus du moral que du physique,
et le bruit de nos Baquets étant parvenu jusqu'à lui, il prit la poste sur
le champ, et vint se présenter à nous,
implorant notre secours, et nous re-

gardant, à ce qu'il disoit, comme ses Dieux tutélaires. Il eut lieu de s'applaudir de sa démarche : nous le congédiâmes apres six semaines, parfaitement rétabli ; nous avons appris que depuis, il a fait un très-bon mariage, et que son épouse a des signes non équivoques, de la grossesse la plus heureuse. Sa conduite est très-édifiante, et il est devenu l'exemple de tous les maris de sa G ********.

Nous sommes entrés, Monsieur, dans des détails qui ont pu vous paroître longs et même fastidieux; mais nous les avons jugés indispensables, pour vous présenter des idées claires sur un objet absolument inconnu. Il vous paroîtra peut-être extraordinaire que nous ne vous parlions pas d'expériences faites sur les femmes : voici la raison de notre silence ; nous n'avons point osé hazarder la construction d'un Baquet - Moral à leur usage , effrayés de la prodigieuse quantité de maladies dont nous eussions été assaillis ; quoique nous n'habitions qu'une ville du *troisième ordre* , nous avons calculé que pour les deux seuls articles de la sensibilité du genre nerveux , et de l'intempérance de la langue , il nous auroit fallu un bataillon de compères *au complet de guerre.*

Nous avons l'honneur d'être , Monsieur , &c.

P. S. Nous allons nous occuper à distribuer en plusieurs classes les différens états de la société. Nous sommes convaincus que la vertu d'un

Baquet-Moral doit être octuple lors
qu'il n'agit que sur des objets, dont
le fond est le même, quoique diver-
sement modifiés.

QUINZIÉME LETTRE.

RÉPONSE de M. M*****

A Paris le . . . . 1785.

QUELQUE vénération, Messieurs, que vos anciennes découvertes m'aient inspiré pour vous, je confesse qu'à la lecture de vos deux dernières lettres, j'ai cherché à douter des grandes vérités qu'elles renferment ; mais mon incrédulité n'a pu résister aux argumens invincibles qui viennent à l'appui de vos expériences. Combien la conviction de pareils miracles fait éprouver de douceurs et de jouissances ! Si l'on élève jamais des temples aux bienfaiteurs de l'humanité, quels titres plus légitimes et plus glo-

O

rieux que les vôtres , pourront vous
enlever cet honneur ?

Votre silence sur le contenu des
globes, est une nouvelle preuve de
votre discernement. Vous ne pouviez
ni ne deviez raisonnablement coufier
au papier la nature d'une composition aussi dangereuse en elle même,
et qu'on ne peut rendre utile que par
les procédés les plus sages et les plus
suivis.

J'ai appris avec assez de surprise ,
la proposition d'un certain Comité ,
qui , comme beaucoup d'autres , est
infiniment plus connu par ses bévues
que par son opulence. Il comptoit,
sans doute, sur votre désintéressement,
pour vous offrir une somme aussi
modique. Vous avez bien prouvé par
la publication de votre HOMME-BA-

QUET, que le bonheur et la conservation des hommes, sont l'ame de toutes vos actions. Plusieurs Villes *du second ordre* se sont déjà empressées d'en faire construire un sur leur place la plus fréquentée. Ces statues seront des monumens éternels qui attesteront aux générations futures jusqu'où peut s'élever l'homme de génie, quand il est animé du désir du bien, et *enflammé de l'amour de ses semblables.*

Je joins ici l'état des Villes qui ont déjà profité d'une découverte aussi précieuse ; vous verrez s'il est conforme à celui que vous avez sans doute reçu. LUÇON, VITRY-LE-FRANÇOIS, VALOGNE, FALAISE, BLAYE, LE PUY, COMPIEGNE, AURILLAC, PONT-A-MOUSSON, RICHELIEU, ROANNE et ORBEC.

Plusieurs personnes m'ont écrit,
pour s'informer s'il etoit vrai que j'eusse
une correspondance avec vous. Je
vous prie d'engager ceux qui pourroient avoir quelques doutes à ce sujet,
à les rendre publics par la voie du Jour-
nal de Paris, qui voudra bien se char-
ger de mes réponses.

Vous concevrez peut-être difficilement le peu d'étendue de mes réflexions sur le BAQUET-MORAL ; mais
je ne pourrois vous exprimer que
foiblement l'enthousiasme où je suis ;
je me sens entraîné par une force
irrésistible, et je veux m'instruire sur
les lieux de ce que l'examen le plus
scrupuleux ne m'a fait connoître que
très-imparfaitement. J'abandonne mes
occupations pour me rendre auprès
de vous, et vous m'obligerez de me

procurer un appartement à portée de
votre *Attelier*.

Le *P. S.* de votre dernière lettre
m'annonce un nouveau travail que je
me fais une fête de commencer avec
avec vous : je ne vous demande pas
le sacrifice d'interrompre une opération aussi importante, mais de réser-
ver pour mon arrivée l'établissement
du BAQUET-JOURNALISTE.
Cette classe me paroît mériter une
attention particulière ; ce seroit rendre un service essentiel à la Littéra-
ture, et aux Sciences, que d'attirer à
ce BAQUET cette foule de compila-
teurs provinciaux, à qui un *Privilège
exclusif* tient lieu d'esprit et de connoissances. Je suis persuadé que deux
ou trois séances suffiroient pour les
faire envisager sous leur véritable

aspect. Ils cesseroient alors de criti-
quer indistinctement , des ouvrages
dont ils ne connoissent souvent que
le titre , ou qui sont au dessus de leur
portée. Je vous communiquerai certaines particularités , qui auront peut-
être échappé à vos recherches , et qui
confirmeront l'idée que vous devez
avoir d'eux.

J'ai l'honneur d'être , en attendant
le plaisir de vous voir , Messieurs , &c.

P. S. Je suis étonné que vous ne
me parliez pas des sept aveugles guéris par un *apprentif* magnétiseur , auprès de la Ville que vous habitez. Ces
cures font qu'on ne doute plus ici de
la suppression prochaine des Quinze-
vingts.

Vous savez surement que tous les
membres de la Faculté de Médecine se

sont engagés par serment, à refuser
leurs secours à ceux qui se seront fait
magnétiser ; la seule chose qui nous
reste à désirer, pour le bonheur des
malades, est que tous les Médecins
suivent bien-tôt un exemple aussi pru-

Bon pour l'arbre

.... ridiculum acri
fortiùs ac meliùs ...... plerumque
secat res.

HORAT. Lib. I. Sat. 10.

ERRATA.

PAGE 61 Ligne 7, que j'ai. *otez* le point.

———— 72, ———— 2, Marcéhal, *lisez* Maréchal.

———— ibid. ———— 17, d'une louve, *lisez* d'un vieux loup.

———— 74, ———— 18, pissac, *lisez* pissat.

———— 116, ———— 12, *mon cher*, *otez* la virgule.

www.ingramcontent.com/pod-product-compliance
Lightning Source LLC
Chambersburg PA
CBHW052047090426
42739CB00010B/2073